Imparare le abilità sociali

~

Come migliorare l'autostima e la comunicazione non verbale gestendo timidezza, paura e ansia sociale. Sviluppare fiducia in sé stessi e migliorare le relazioni sociali.

Ted Goleman

INDICE

Introduzione

Lavorare sulle abilità sociali richiede tempo. Alcune persone sono veloci nell'apprendimento mentre altre meno. Le persone veloci riescono ad essere più naturali nel fare conversazione. Più uno è in grado di rendere una conversazione facile, più riuscirà a creare legami con gli altri. Migliore è la conversazione, quindi, migliore è la relazione. Le relazioni potrebbero essere quelle in famiglia, al lavoro o anche semplici amicizie.

Lo scopo delle abilità sociali è sviluppare conversazioni. Le capacità di conversazione vengono apprese e coltivate nel tempo. Se si vuole fare conversazione, bisogna rischiare con gli altri, impegnandosi e assicurandosi che la conversazione prosegua senza intoppi.

Ciò che è essenziale e di base per conversare con le persone, è la capacità di ascoltarle. È sempre una buona cosa ascoltare qualsiasi situazione. È, invece, una cattiva abitudine parlare e parlare senza ascoltare. Le persone che continuano e continuano a parlare senza ascoltare gli altri sono molto fastidiose e per lo più vengono ignorate. Si dovrebbe imparare a conversare ascoltando gli altri. La conversazione non dovrebbe essere unilaterale. È essenziale conoscere l'arte di parlare ascoltando.

Eccellenti abilità sociali ti consentono di presentare il meglio di te a chi ti circonda. Possono darti la fiducia necessaria per avere successo in tutte le situazioni e la capacità di conoscere le persone a cui vorrai avvicinarti. Dalla capacità di identificare i tuoi punti di forza al sapere esattamente come portare avanti una conversazione, le tue abilità sociali ti forniranno connessioni sociali più profonde e sarai in grado di socializzare e in generale conoscere altre persone. Questa connettività è ciò che ti fa sentire sicuro in te stesso e nelle tue interazioni.

Sebbene la socializzazione sia profonda ed essenziale, per alcuni può essere difficile. Trovare il coraggio di parlare con un'altra persona può spesso intimidire, soprattutto quando non sei sicuro di te stesso. Molte persone lottano con le loro abilità sociali, desiderando di essere più brave nelle abilità che hanno naturalmente alcuni. Con la pratica, le tecniche che leggerai in questa guida ti permetteranno di "costruirti" in modo che tu ti senta a tuo agio e sicuro di socializzare, non importa dove ti trovi o con chi. Dal lavorare sul tuo linguaggio del corpo alla scoperta di come parlare con nuove persone, otterrai un rinnovato senso di fiducia in te stesso.

Partendo dall'inizio, imparerai a riconoscere le abilità che già possiedi. Sfruttando i tuoi punti di forza, le tue debolezze saranno più facili da superare. Invece di vergognarti di avere dei punti deboli, imparerai a trasformarli in tratti che renderanno più facile la socializzazione. Se la timidezza è un peso nella tua vita, imparerai a combatterla in modi che ti permetteranno comunque di sentirti a tuo agio e apparire anche più estroverso. Con un semplice aumento del tuo carisma e crescita della tua autostima, ti sentirai abbastanza in grado di gestire qualsiasi interazione sociale che ti capiti.

Capitolo 1

Come conoscere, valutare e migliorare le tue capacità per migliorare l'autostima

Sicuramente hai sentito parlare del concetto di autostima numerose volte. E' probabile avere un'autostima alta o bassa, in funzione dell'opinione personale su sé stesso e sulle proprie capacità, ed è normale che le persone siano scettiche sulle proprie capacità, una volta ogni tanto. Tuttavia, la bassa autostima uccide la motivazione e la passione.

Se ti guardi dentro, potresti essere in grado di identificare alcune cose che influenzano la tua autostima. Potrebbe essere un paragone malsano, essere vittima di bullismo, avere un'aspettativa non realistica di te stesso, ecc. Una delle cose migliori che puoi fare per permettere alla tua vita per dare una svolta positiva, è migliorare la tua autostima. Con una migliore autostima e fiducia in te stesso, il tutto si tradurrà in migliori abilità sociali.

Perché è importante migliorare la tua autostima?

Vivi una vita semplice e più felice

Quando hai una buona e alta opinione di te stesso, sarai più gentile con te stesso. Di conseguenza, i semplici errori non ti trascineranno eccessivamente. La comprensione che non sei perfetto è già innestata in te, quindi accetterai gli errori.

Vivrai una vita stabile

Avere un'alta opinione di te stesso, senza essere arrogante, ti impedirà di cercare convalida negli altri. Di conseguenza, la velocità con cui cerchi di accontentare le persone diminuisce. Questo ti ricompenserà con stabilità interiore poiché ciò che le persone dicono di te avrà un effetto minimo.

Godrai di più delle tue relazioni

Una migliore autostima ti fa sentire a tuo agio con te stesso. La tua vita diventa più semplice poiché ci saranno meno drammi, meno confronti e più contentezza nella tua vita in generale. Questo ti fa godere di tutte le relazioni che hai, che si tratti di un amico o di un partner romantico.

Ci sono molti vantaggi che derivano dal migliorare la tua autostima, tuttavia, questo non è il tema di questo capitolo, l'obiettivo principale è fornire misure pratiche che puoi intraprendere per migliorare la tua autostima.

Modi pratici per migliorare la tua autostima

Abbi sempre aspettative realistiche

Uno dei modi più semplici per uccidere l'autostima è avere aspettative non realistiche. Il mancato raggiungimento di tale aspettativa può farti sentire inadeguato, infliggendo un duro colpo alla tua autostima. Eliminare le aspettative irrealistiche potrebbe essere l'antidoto di cui hai bisogno per smettere di "picchiarti". Quando le nostre aspettative sono realistiche, siamo fiduciosi che raggiungeremo i nostri obiettivi, il che a sua volta non influirà sul modo in cui ci percepiamo.

Elimina le perfezioni e celebra i tuoi successi

Uno dei modi più semplici per rimanere infelici è cercare sempre la perfezione. Tuttavia, è giunto il momento che molti di noi accettino il fatto che non saremo mai perfetti. Non otterrai il corpo bikini perfetto, la ragazza perfetta, il veicolo perfetto, il lavoro perfetto, ecc. Tutte queste sono semplicemente illusioni che esistono solo nella nostra mente. Invece di tormentarti con un senso di perfezione idealizzato, celebra i tuoi successi. Quando raggiungi un traguardo, festeggialo, non importa quanto sia stato facile. Puoi tenere un diario per avere un elenco dei tuoi risultati man mano che accadono. Questo è un modo collaudato per credere in te stesso e nelle tue capacità. Piuttosto che mirare alla perfezione, puoi accontentarti di "abbastanza". Questa non è una licenza per rallentare o non dare il meglio di te, ma la perfezione ti renderà critico e finirà per scoraggiarti.

Abbandona il gioco del confronto

Uno dei modi più semplici per essere infelici è confrontarti con gli altri. Tizio è più bravo di me a correre, Caio parla correntemente durante la presentazione, Sempronio ha un corpo scolpito meglio del mio. È ovvio come il confronto su di noi influirà su come ci sentiremo. Si deve stabilire la regola che bisogna competere solo con noi stessi. In altre parole, cercare di essere migliore di quello che eravamo ieri. Questo è molto meglio che competere con qualcun altro.

Ferma il critico interiore

Abbiamo tutti quella voce interiore e per migliorare la nostra autostima, dobbiamo essere consapevoli di ciò che la nostra voce interiore ci sta dicendo. Quel critico interiore può essere una motivazione per perseguire verso il tuo obiettivo, ma può anche ostacolare la tua autostima.

È quel critico interiore che innaffia la tua mente con pensieri distruttivi. Li abbiamo tutti, esempi comuni sono:

- Non sai fare il tuo lavoro nel modo giusto, qualcuno se ne accorgerà e presto ti licenzierà.
- Non hai quello che serve per essere una buona madre, i tuoi figli si riveleranno ribelli.
- Sei una cattiva moglie, tuo marito se ne accorgerà e ti butterà fuori.

Una cosa necessaria che tu sappia e accetti, è che questi sono semplici suggerimenti privi di fatti. Ci sono modi utili per sfidare e minimizzare questi pensieri dannosi e sostituirli con qualcosa di incoraggiante. Potresti letteralmente dire a te stesso di fermarti quando il pensiero sorge, ma potresti non essere davvero in grado di mettere a tacere i tuoi pensieri, tuttavia, ciò che consigliamo è sostituire tali pensieri con altri sani.

Rifletti sulle cose per cui sei grato

Questo è uno dei modi più salutari per migliorare la tua autostima. È semplice e può fare un'enorme differenza se ne fai un'abitudine. Tutto quello che devi fare è dedicare un po' di tempo a riflettere sulle cose per cui sei grato. Queste sono le cose semplici della vita, non necessariamente enormi cose.

Ad esempio, ecco un elenco di tre cose per cui essere grati:

- La capacità di risolvere i problemi e aiutare le persone.
- Essere in grado di offrire parole di incoraggiamento e motivazione agli altri.
- Avere una moglie comprensiva e solidale.

Come puoi vedere, non devono essere cose necessariamente fondamentali. Potresti essere grato per aver avuto la possibilità di fare un'escursione per migliorare la tua forma fisica piuttosto che rimanere sul divano. Potrebbe essere per la benedizione dei tuoi bambini carini, in salute e per come i loro sorrisi illuminano sempre la tua giornata. Questa abitudine non solo aumenta la tua autostima, ma può anche riempirti di vibrazioni positive e renderti una persona felice.

Investi il tuo tempo con persone solidali e meno distruttive

La ricerca per migliorare la tua autostima non è completa senza fare attenzione al tipo di compagnia che frequenti. Potresti aver fatto tutto ciò che è stato consigliato sopra, come essere gentile con te stesso, mettere a tacere il critico che è in te e terminare il ciclo di confronto. Tuttavia, se frequenti costantemente persone che ti fanno dubitare della tua scelta, i tuoi sforzi non daranno alcun frutto. Tenendo presente quanto sopra, assicurati di farla finita con le persone che non supportano la tua ricerca per migliorare la tua autostima. In altre parole, le persone con cui trascorri del tempo dovrebbero avere uno standard realistico e incoraggiarti a essere più gentile con te stesso. Non si tratta sempre di interazioni fisiche. Devi stare attento anche a ciò che assorbi dai media.

Internet e i social media potrebbero essere il terreno perfetto per un confronto malsano, è meglio limitarne l'uso.

Identifica e sviluppa le tue abilità

Uno dei modi più economici per costruire l'autostima è identificare ciò in cui sei bravo e continuare a svilupparlo. In altre parole, identifica le tue abilità, abilità e aree della tua vita che sono molto importanti e sviluppale. Ad esempio, se sei un buon giocatore di basket, fai il necessario in modo tale da poter entrare a far parte di una squadra di basket. Questo aumenterà il tuo livello di fiducia, rafforzando così la tua autostima. Se ami aiutare le persone, iscriviti ad associazioni di volontariato, cerca di aiutare le persone meno privilegiate. La soddisfazione che ne trarrai può aiutarti a rafforzare la tua autostima. L'idea è scoprire in cosa sei bravo e trovare opportunità per svilupparlo.

Sentiti a tuo agio ad accettare i complimenti

Tendiamo a essere così duri con noi stessi da non sentirci degni di accettare i complimenti. Tuttavia, ricevere complimenti può aiutarti a sviluppare l'autostima poiché ti fa sentire bene con te stesso e con i tuoi risultati. Questo, a sua volta, costruisce la tua fiducia, che si traduce nel miglioramento delle abilità sociali. Anche se il complimento ti mette a disagio, prepara la tua mente e cerca di avere una risposta pronta quando ricevi tali complimenti. Con il tempo, la voglia di negare e sminuire i complementi svanirà, il che è una buona indicazione che la tua autostima sta crescendo.

Superare la timidezza

Molte persone lottano con la timidezza, anche quelle che non considereremmo timide in alcun modo. Anche se ti sembra di essere l'unico, è un problema piuttosto comune. Nella ricerca per migliorare le tue abilità sociali, sbarazzarti della timidezza è uno dei passi che devi compiere. Tuttavia, sbarazzarsi della timidezza non avviene dall'oggi al domani. Leggendo questa guida, hai fatto il primo passo. Senza dubbio, la timidezza intralcia la tua interazione con le altre persone, influisce sulla tua relazione e potrebbe finire per lasciarti insoddisfatto della vita. Questo è il motivo per cui questa sezione del libro farà luce sui modi pratici per sbarazzarsi della timidezza. Nota che è un processo che richiede tempo, pazienza e disponibilità.

Come sbarazzarsi della timidezza?

Fai respiri profondi

La respirazione profonda, anche se sembra semplice, può fare miracoli per aiutarti a rilassarti. Tutto ciò di cui hai bisogno è un respiro profondo e corposo. Inspira l'aria e tienila ferma per quattro secondi. Fallo tutte le volte che puoi prima di affrontare la situazione (interviste, presentazioni, appuntamenti, ecc.) che ti mette a disagio. Fare un respiro profondo è un modo per costringere il corpo a rilassarsi, anche di fronte a situazioni che sembrano pericolose per la vita. Assicurati di non fare respiri profondi dove può essere interpretato erroneamente come un sospiro, che potrebbe quindi inviare un messaggio sbagliato. Puoi farlo tranquillamente quando l'altra parte sta parlando.

Assumi sempre una buona postura

Nella comunicazione e in ogni forma di interazione che hai, il modo in cui ti comporti è importante quanto quello che dici. In altre parole, sii consapevole del messaggio che inconsciamente stai trasmettendo con il tuo corpo. Anche se stai combattendo la timidezza, puoi assumere una posa tranquilla che ti farà sembrare sicuro. Le cose semplici che puoi fare al riguardo è assicurarti di essere consapevole del modo in cui ti vesti. Assicurati di essere sempre pulito e presentabile. Assicurati di tenere sempre la testa alta e di tenere le spalle alte.

Stabilire un contatto visivo

Come persona timida, riconosciamo che il contatto visivo può essere snervante. Tuttavia, il mondo non ti cadrà addosso se guardi negli occhi. Il contatto visivo contribuisce notevolmente a creare fiducia e stabilire una connessione. Puoi iniziare guardandoti allo specchio ed esercitarti a parlare da solo mantenendo il contatto visivo. Con il tempo, esercitati con i tuoi fratelli o il tuo coniuge e quando ti senti pronto, lanciati là fuori.

Impara a sorridere

Una persona timida può essere etichettata erroneamente come fredda e ostile. Chi ha questa opinione, non è da biasimare, perché è questa l'impressione che può essere trasmessa da chi è timido. Sorridere è un modo semplice per migliorare la tua vita e renderti accessibile. Non ti costa nulla e può essere molto utile per riconoscere l'altra persona. Ti fa passare per una persona amichevole, accogliente e disponibile e può aiutarti a creare l'atmosfera per una bella conversazione. Anche se ti sembra strano, esercitati prima di metterti in gioco. Con il tempo, questa diventerà una seconda natura e scoprirai che stai migliorando la giornata delle persone semplicemente con il tuo sorriso.

Sii gentile con te stesso

Non supererai la timidezza dall'oggi al domani, ma la cosa più importante è che stai facendo uno sforzo per superarla. Non allarmarti per quanto tempo ci vuole finché stai facendo progressi. Oltre al fatto che stai lavorando per raggiungere il tuo obiettivo, sei abbastanza sensibile da sapere come stai. Non importa quanto ti senti lento o come sono i tuoi progressi, resisti alla tentazione di "picchiarti", perché potrebbe finire per ritardare i tuoi sforzi.

Mettiti deliberatamente in avanti

Come abbiamo ribadito nel paragrafo iniziale, la timidezza non può essere eliminata. Devi essere convinto nel tuo sforzo per superarla. Uno dei modi in cui puoi aiutare te stesso è metterti deliberatamente in situazioni che ti mettono a disagio. So che questo è come chiedere troppo, ma ti aiuterà. Alza la mano e fai una domanda alla prossima riunione a cui parteciperai. Offriti volontario per tenere il prossimo seminario al lavoro, oppure invita alcuni amici per una cena. L'idea è di fare qualcosa, qualsiasi cosa che ti porti fuori dalla tua zona di comfort. L'idea è di sfidare la tua timidezza e forzarla. A volte potresti sbagliare, ma va bene, non usarlo come scusa per tornare indietro nel tuo guscio. Piuttosto, fai piccoli passi e affronta le sfide passo dopo passo. Con il tempo scoprirai un modo che ti sembrerà naturale.

Capitolo 2

Comunicazione non verbale

L'importanza del linguaggio del corpo

C'è un famoso detto che afferma che le azioni parlano più delle parole, ed è vero. È fondamentale prestare attenzione al linguaggio del corpo, poiché è l'unico modo per leggere tra le righe. A volte si può comunicare senza dire una parola. Ad esempio, uno può alzare le spalle e informarti che non capisce cosa sta succedendo.

Nel processo di comunicazione, è stato dimostrato che quella non verbale contribuisce per circa il 65-93% al processo di comunicazione generale. Per quanto il linguaggio del corpo sia parte integrante della comunicazione, bisogna prepararsi bene per conoscerlo ed evitare di voler comunicare una cosa e finire per fornire il contrario a causa della paura o dell'ansia. Significa che bisogna essere molto attenti al linguaggio del corpo, perché i destinatari delle informazioni sono molto sensibili ai segnali non verbali che si stanno inviando.

a. *Impressione generale*

Il linguaggio del corpo è essenziale perché dà l'impressione generale. È fondamentale e fornisce un'impressione di qualcuno. Le prime impressioni sono generalmente sorprendenti ed evidenti. Significa che il modo in cui altri dipendenti e datori di lavoro vedono una persona il primo giorno è il modo in cui viene vista durante il suo mandato sul posto di lavoro. Quindi, bisogna prestare attenzione al proprio linguaggio del corpo. Bisogna prestare attenzione al modo in cui le persone intorno usano il linguaggio del corpo nel trasmettere un messaggio. In contesti sociali e altri aspetti della vita, aiuterà a sapere quando fare la prossima mossa. Il linguaggio del corpo è controllato dal cervello, il che significa che si potrebbe fingere mentre si comunica verbalmente, ma il subconscio tradirà sempre. Ad esempio, si può fingere di ascoltare un'affermazione ma essere irrequieti, questo può dimostrare una mancanza di interesse, ansia o scarsa concentrazione. Non è facile avere un linguaggio del corpo adeguato, soprattutto in situazioni di stress.

b. *Controlla la percezione cerebrale di una persona*

Un'altra citazione famosa quando si parla di linguaggio del corpo è che la pratica rende perfetti. Questo è del tutto vero quando vengono esaminate persone con abilità sociali esperte. È giusto anche sul posto di lavoro, con persone che sono apprezzate o ricevono promozioni. Il linguaggio del corpo non è un'abilità innata, il che significa che può essere affinato nel tempo. Ciò significa che bisogna praticare il proprio linguaggio del corpo nelle interazioni sociali quotidiane per migliorarlo.

Secondo Amy Cudder, il linguaggio del corpo influenza il modo in cui le persone vedono sé stesse. Se qualcuno si esercita ad essere autorevole, il cervello riceve segnali che lo modellano per creare l'impressione che si sia più autorevoli, e si finisce per essere più fiduciosi. La comunicazione non verbale positiva non solo aiuta a sembrare più autorevoli, ma aiuta anche ad avere un maggiore controllo della situazione.

Se hai paura di parlare davanti ad altre persone, facendo pratica esercitandoti a parlare in pubblico, alla fine ti farà abituare.
Il linguaggio del corpo si comporta allo stesso modo, bisogna parlare davanti alle persone finché non si è imparato il linguaggio del corpo. Il linguaggio del corpo gioca un ruolo cruciale nelle relazioni, nella carriera e nella vita di tutti i giorni, pertanto prestare attenzione al linguaggio del corpo è destinato a portare buoni risultati in ogni aspetto della vita.

c. *Comunicare informazioni sensibili negli spazi pubblici*

Nelle situazioni sociali, il linguaggio del corpo può essere utilizzato per passare segreti e garantire che i segreti non vengano ricevuti da nessun altro nello stesso contesto sociale. La lingua è rischiosa da usare, soprattutto se si desidera che alcune informazioni rimangano private. Nell'era dei dispositivi di registrazione, l'utilizzo di una lingua diversa non è sufficiente per mantenere private le informazioni. Pertanto, il linguaggio del corpo codificato deve essere utilizzato in modo efficace per trasmettere le informazioni alle persone necessarie.

Ad esempio, un gruppo di persone in una competizione può concordare sul fatto che toccare il naso può significare che fanno una mossa particolare. Pertanto, avere tali informazioni privilegiate può aiutare ad avere un vantaggio competitivo sui loro pari. Può anche aiutare nel passaggio di informazioni sensibili. Pertanto, il linguaggio del corpo può essere utilizzato per comunicare insiemi specifici di informazioni che un gruppo non desidera condividere con un altro gruppo.

Identificare i segnali non verbali delle persone ed essere consapevoli dei propri

I segnali non verbali non hanno una traduzione verbale diretta. E non esiste un singolo gesto che sia autosufficiente per comunicare ciò che una persona prova quando lo manifesta interamente. Quindi, è importante prestare attenzione a quanti più segnali possibili. La fusione di indizi con i contesti in cui si trova la persona in questione, aiuta a leggere i suoi pensieri, dando così più significato ai messaggi decifrati.

Più comprendi come le persone codificano i loro sentimenti e pensieri in segnali e come decodificarli, più diventi consapevole nel criptare i tuoi. Inizi a comunicare i tuoi messaggi fisici specifici in modo più preciso. Ci vuole un bel po' di sforzo per impararli e praticarli. Ci sono molti segnali fisici con altrettanti significati, e qui ve ne presenteremo solo alcuni. Le individualità sono diverse e, a volte, in circostanze simili, ognuna mostrerà gesti diversi o, per gli stessi gesti, invierà un messaggio completamente diverso.

In base a come sono vestiti i partecipanti ad una riunione, puoi dedurre se si sentono a loro agio o se sono seducenti o rappresentano valori spirituali. C'è un messaggio nel loro aspetto scelto, e al di là di ciò che potrebbero voler dire con esso, dice ulteriormente se sono in sintonia con lo scopo della riunione.

Camminare a testa alta indica sicurezza, mentre un certo tipo di camminata lenta può dipingerli come indecisi o codardi, probabilmente a causa della bassa autostima. Il petto spinto in avanti con le mani espanse è uno spettacolo di chi è pieno di sé, un grande ego.

Le pose espansive mostrano il potere e un senso di realizzazione. La sensazione di potere e di avere il controllo è rappresentata da una postura rilassata appoggiata all'indietro. Mantenere una posizione eretta, camminare intenzionalmente con i palmi verso il basso in un corpo aperto ed espansivo è una postura autorevole che segnala ambizione o capacità di leadership. Tendiamo ad avvicinarci alle persone che ci piacciono, ma teniamo le distanze o ci allontaniamo da quelle che non preferiamo. Questo può tuttavia, essere influenzato dalle culture.

Incrociando le braccia, dimostriamo di essere difensivi, arrabbiati o protettivi con noi stessi. Quando sono le gambe ad essere incrociate, tendiamo a puntare l'alluce del piede in alto verso la persona con cui ci troviamo a nostro agio. Le gambe incrociate significano anche che qualcuno è resistente, non ricettivo e può essere un brutto segno nella negoziazione. Descrive la loro chiusura mentale, emotiva e fisica e la riluttanza a cedere nella contrattazione.

Mordersi le labbra e pizzicare le cuticole sono lenitivi quando le persone si trovano sotto pressione o in situazioni imbarazzanti.

Le emozioni incidono naturalmente sul viso. Un cipiglio profondo, ad esempio, indica che ci si preoccupa o si pensa troppo.

Una persona che guarda lontano da te durante la conversazione significa che è annoiata, disinteressata o ingannevole. Quando guardano in basso, potrebbero essere nervosi o sottomessi. Un buon contatto visivo e la pupilla dilatata sono un segno di interesse per la conversazione e per la persona con cui stai interagendo. Un battito di ciglia più veloce è caratteristico quando si pensa, si è stressati o si mente.

Diamo anche uno sguardo alle persone a cui siamo interessati. È stata appena raccontata una bugia quando la persona guarda in alto e poi a destra. Se guardano in alto e poi a sinistra, l'affermazione che hanno appena fatto potrebbe essere vera.

Uno mantiene un contatto visivo insolitamente più prolungato con te? Probabilmente, non vogliono avere occhi sfuggenti. Nel tentativo di evitare di agitarsi, possono anche rimanere immobili per troppo tempo quando sono in piedi o seduti o non sbattere le palpebre. Questi gesti possono essere manipolati consapevolmente per nascondere le loro intenzioni menzognere.

Sorrisi genuini coinvolgono tutto il viso. I sorrisi falsi implicano un piacere o un'approvazione contraddittori, mentre i mezzi sorrisi sono sarcastici o mostrano incertezza. Una smorfia prima di un sorriso è un segno di insoddisfazione nascosta. Le manifestazioni facciali di emozione se non sono bilaterali, sono falsificate. I sorrisi genuini, ad esempio, sono simmetrici.

Quando uno annuisce lentamente, significa che è interessato e desidera ascoltare di più il tuo discorso. Un rapido cenno del capo dice che uno ha sentito abbastanza e vuole che finisca o dia loro la possibilità di rispondere. Si inclina la testa di lato per concentrarsi sulla conversazione, ma si inclina all'indietro in segno di sospetto o incertezza. Un cenno esagerato implica ansia per l'approvazione. Quando uno non è sicuro di cosa stai pensando di loro o non sei sicuro che eseguiranno il tuo comando, annuiscono eccessivamente.

Le persone alzano le spalle quando non hanno la più pallida idea di cosa stia succedendo. Questo gesto comprende braccia esposte per mostrare apertura, spalle curve per proteggere il collo nel caso in cui ci sia una possibile minaccia e sopracciglia sollevate di sottomissione. Le sole sopracciglia alzate mostrano fastidio. Preoccupazione, sorpresa o paura possono innescare questo gesto. Quindi un complimento, ad esempio, con le sopracciglia alzate può essere falso.

Quando uno ride con te ed è interessato al tuo umorismo durante una conversazione, è probabile che trovi la tua personalità sorprendente. Il linguaggio del corpo rispecchiato significa che la conversazione sta procedendo bene e segnala una sensazione di connessione tra voi due.

Ti sembrano tristi e i loro angoli interni delle sopracciglia non si muovono verso l'alto e verso l'interno? Allora non sono così tristi come sembrano.

Stabilire la fiducia

I segnali non verbali possono consentirti di stabilire un livello di fiducia tra te e la persona con cui stai comunicando. Studiando semplicemente gli elementi del linguaggio del corpo delle persone, sarai in grado di sapere se puoi fidarti o meno di loro. Questo perché ci sono elementi della comunicazione non verbale che ti dicono quando una persona sta mentendo.. Ad esempio, è probabile che una persona che riesce a mantenere il contatto visivo per un periodo considerevole dica la verità rispetto a qualcuno che trova difficile mantenerla. Questo, quindi, implica che quando interagisci con qualcuno, dovresti sempre concentrarti sui suoi occhi. Cerca di stabilire se ti stanno guardando direttamente o se sembrano distogliere lo sguardo. Allo stesso modo, da parte tua, è importante assicurarti di essere in grado di mantenere il contatto visivo mentre comunichi con gli altri. Se riesci a mantenere un buon contatto visivo durante la conversazione, ti imbatterai in qualcuno che è sicuro e degno di fiducia.

Segnali e rapporti non verbali

Un buon rapporto può consentirti di stabilire relazioni efficaci con altre persone, sia all'interno dei tuoi circoli sociali che professionali. Un buon rapporto si riferisce alla positività da parte tua che può facilmente estendersi ad altre persone. Quando hai un buon rapporto con qualcun altro, vorranno trascorrere più tempo con te, condividere le loro esperienze e si fideranno di te.

Durante l'interazione con qualcun altro, è essenziale prestare attenzione ai segnali non verbali che possono farti sapere se hai o meno un buon rapporto con loro. Uno degli elementi più notevoli dei segnali non verbali rispetto al rapporto che puoi osservare nelle altre persone è la tendenza a sporgersi in avanti quando parlano con te. Se qualcuno preferisce sporgersi in avanti ogni volta che interagisce con te, significa che gli piaci e potrai stabilire rapidamente un buon rapporto con loro.

La tendenza di persone a puntare le braccia verso di te, può anche farti sapere che hai un buon rapporto con loro. Potresti essere in presenza di altre persone e una di queste sembra puntare costantemente verso di te, con la testa o le mani, stanno facendo sapere agli altri che hanno un'alta stima di te. Viceversa, se qualcuno distoglie lo sguardo da te e non ti indica, potresti avere difficoltà a stabilire un buon rapporto con loro.

Da parte tua, dovresti anche identificare gli aspetti dei segnali non verbali che possono migliorare il rapporto tra te e le persone intorno a te. Prima di tutto, dovresti sempre indicare o guardare qualcuno quando parli con lui. Il motivo è quello, l'altra persona apprezzerà il fatto che tu riconosca la loro presenza e il loro ruolo nell'intera comunicazione.

Tieni sempre il mento in alto

La posizione del mento mentre cammini o interagisci con altre persone è un indicatore essenziale del tipo di immagine che stai cercando di dare. Quando cammini con il mento rivolto verso il basso, le persone possono percepirlo come un segno di timidezza o codardia. Invece, se cammini con il mento verso l'alto, le altre persone ti vedranno come una persona sicura di sé. È quindi fondamentale assicurarsi di mantenere sempre il mento sollevato ogni volta che si parla o si interagisce con altre persone per inviare il messaggio giusto.

Evita di agitarti

L'agitazione è una forma di movimento nervoso che ti farà sembrare a disagio e nervoso. A tal fine, dovresti ricordare di non agitarti mentre interagisci con altre persone. Invece, dovresti mantenere un comportamento fiducioso con movimenti minimi non necessari. Inoltre, agitarsi può anche interferire con la concentrazione della persona con cui stai parlando. Quando continui ad agitarti mentre interagisci con gli altri, è più probabile che passino più tempo a concentrarsi sui tuoi movimenti involontari anziché concentrarsi completamente su ciò che stai dicendo.

Non mettere le mani in tasca

Mettere le mani in tasca è considerata una posa innaturale mentre si interagisce con qualcuno. Il più delle volte, mettere le mani in tasca potrebbe dire all'altra persona che ti manca la tanto necessaria fiducia in te stesso o che sei ansioso. Viceversa, tenere le mani fuori dalle tasche è considerata una posa rassicurante che può dire all'altra persona che sei consapevole di cosa stai parlando.

Stretta di mano ferma

Quando si tratta di strette di mano, devono essere sempre ferme. Una stretta di mano ferma è una delle dimostrazioni più evidenti di fiducia. Quando tieni saldamente la mano della persona che stai salutando, invierai un messaggio che sei sicuro di te stesso. Costringe gli altri a prenderti sul serio. Una stretta di mano debole può farti sembrare qualcuno con scarsa autostima e potrebbe anche incoraggiare le persone opportuniste a cercare di approfittarsi di te. A tal fine, dovresti sempre assicurarti che la tua stretta di mano sia ferma anche quando ti senti intimidito dalla persona che stai incontrando. Nasconderà il tuo disagio e la tua paura, aumentando così la tua autostima nel processo.

Sporgiti in avanti

Come già detto, sporgersi in avanti dice alla persona con cui stai parlando che sei interessato al suo punto di vista. Quando discuti di qualcosa con qualcun altro, dovresti sporgerti in avanti per fargli sapere che stai ascoltando e che sei disposto a saperne di più.

Infine, essere consapevoli dei segnali non verbali degli altri è fondamentale per consentirti di comprenderli meglio. I segnali non verbali possono darti informazioni che l'altra persona non è disposta a condividere e, come si usa dire, l'informazione è potere. Quando hai queste informazioni a portata di mano, puoi prendere decisioni migliori. Allo stesso modo, dovresti anche essere consapevole dei tuoi segnali non verbali. Non dovresti mai trascurare gli elementi dei tuoi segnali non verbali, poiché invii continuamente messaggi anche quando non lo sai. Essere consapevoli dei tuoi segnali non verbali ti consentirà di inviare il messaggio giusto che funzionerà a tuo vantaggio.

Capitolo 3

Comunicazione

Impara come fare un'introduzione corretta

Presentarsi a qualcuno che non hai mai incontrato è spesso la parte più difficile di una conversazione con estranei. Raramente sentirai qualcuno dire: "Oh, quanto amo l'eccitazione di avvicinarmi a estranei e presentarmi". La maggior parte di noi è molto preoccupata all'idea di presentarsi a degli estranei. Vedrai che i passaggi visti fino a ora, ti torneranno utili.

Sii audace e accetta l'iniziativa

Hai mai notato, quando entriamo in posti nuovi, dove non conosciamo nessuno, come ci mettiamo da parte e iniziamo a valutare - con pregiudizio - gli estranei per determinare chi sembra amichevole e accessibile? Questo è il motivo per cui, ad esempio, quando partecipi a un evento di networking, vedrai tonnellate di persone schiacciate contro il muro con il telefono in mano e la testa china. Lo stesso vale per un'area pubblica come il treno. Noterai molti seduti all'angolo o ai bordi dei loro posti con la testa abbassata o concentrati su altre cose.

Invece di seguire l'esempio, entra con coraggio in qualsiasi stanza o area piena di estranei con sicurezza mentre valuti chi sembra interessante. Ora usa la strategia di focalizzazione verso l'esterno che abbiamo discusso nel passaggio 1 per cercare le persone con cui potresti avere “simpatia”.

Un altro grande trucco è cercare spunti che segnalino una conversazione interessante. Ad esempio, se stai partecipando a un evento di networking in cui tutti sembrano freschi e puliti vestiti con giacca e cravatta e noti qualcuno con una maglietta da spiaggia e infradito, questo potrebbe essere il segnale per una bella conversazione perché questa persona deve avere un motivo interessante per andare controcorrente.

Questo ci porta al prossimo argomento ...

Stringi la mano o saluta

Il modo più semplice per presentarti è offrire la mano per un saluto o salutare. Tendere la mano per un saluto ti fa sembrare disponibile, caloroso, amichevole e fiducioso. Questo può sembrare un passo imbarazzante, ma siamo stati addestrati inconsciamente a ricambiare una stretta di mano quando un'altra persona estende la sua mano. Questa è diventata una linea di interazione sociale accettata, quindi non temere. Tuttavia, se le tue mani sudano, cosa relativamente comune a chi ha paura di conversare con estranei, puoi salutare e continuare la conversazione da lì.

Mentre stringi la mano, resisti alla tentazione di stringere la mano troppo forte, ma nello stesso tempo, non offrire una stretta di mano molle, quella che chiamiamo una stretta di mano di pesce bagnato perché una simile stretta di mano parla di scarsa fiducia. Cerca di trovare un equilibrio tra i due.

Mantenere il contatto visivo

Questa è la parte più importante dell'avvicinarsi a uno sconosciuto. Entra in una stanza, scansiona e nota uno sconosciuto con cui vorresti impegnarti in una conversazione. Mentre cammini verso quella persona per presentarti con una stretta di mano, un saluto e alcuni convenevoli, mantieni il contatto visivo, soprattutto se la persona ti guarda mentre ti avvicini. Questo trasmetterà fiducia, che attirerà l'interesse dell'altra persona e dimostrerà che sei presente e pronto per un'interazione interessante. Oltre a umanizzarti, un buon contatto visivo ti consente di leggere i segnali del linguaggio del corpo che puoi utilizzare per creare un rapporto.

Ascolta attentamente

Il nervosismo fa sì che molti monopolizzino una conversazione, anche senza volere. Ad esempio, se sei ansioso e nervoso, dopo aver stretto la mano a qualcuno e detto qualcosa come "Ciao, sono X o Y", puoi continuare a blaterare senza dare alla persona la possibilità di presentarsi. Questo non è di buon auspicio per favorire una buona conversazione. Sentirsi ascoltati è un bisogno umano fondamentale. Se neghi all'altra persona la possibilità di discutere le cose a cui tiene, la conversazione che stai cercando di iniziare, finirà prima che tu superi i convenevoli. Dopo aver salutato ed esserti presentato per nome, dai all'altra persona la possibilità di ricambiare e una volta che la persona ti dice il suo nome, ricordalo e usalo durante la conversazione. Usando queste quattro strategie, puoi presentarti a chiunque.

Suggerimenti per avere una conversazione

Chiacchierare

I sociologi hanno una regola che indica che il modo migliore per creare una conversazione fluida è tenere a mente una regola importante: per il 30% parla e il 70% ascolta. Questa è una regola generale e, ovviamente, cambierà da situazione a situazione, quindi tienilo a mente. Ma in termini generali, questo ti renderà una persona interessante con cui parlare, perché presterai attenzione e farai domande corrette e specifiche. Questo, nel tempo, ti renderà una persona desiderabile con cui parlare.

Alla fine di una conversazione, non dimenticare di presentarti

Questo è applicabile solo se si tratta di una conversazione per la prima volta, ma è un ottimo modo per assicurarti che l'altra persona conosca e ricordi il tuo nome. Prova a dire qualcosa come "A proposito, io sono ...", il più delle volte l'altra persona farà lo stesso. Ricorda sempre i nomi, perché è un ottimo modo per fare impressione sulle persone. Si è più propensi a parlare con qualcuno che ha ricordato il tuo nome o qualsiasi altra cosa che gli hai detto. Inoltre, se ricordi il loro nome, non solo sembrerai intelligente o interessante, ma vedranno che stavi prestando attenzione.

Chiedi loro un caffè

Un incontro sociale ti offre una migliore opportunità per conoscere veramente un'altra persona, in un modo che forse non sarebbe possibile in un altro contesto. Invitali a prendere un caffè o a mangiare assieme, per esempio. Per organizzare e pianificare con loro, puoi fornire loro il tuo numero di telefono o indirizzo email. Questo dà loro la possibilità di contattarti in qualsiasi momento. Non preoccuparti se non ti danno le loro informazioni in cambio, perché va bene. Ci sarà tempo per questo in futuro, una volta che vi conoscerete. Un modo pratico per estendere il tuo invito è dire qualcosa del tipo "Devo andare, ma che ne dici se usciamo qualche volta, forse per prendere un caffè o per pranzo? Ecco il mio numero di telefono se vuoi chiamarmi". Offri le tue informazioni di contatto a persone che hanno il potenziale per essere un buon amico e, col tempo, qualcuno ti risponderà. Se non lo faranno, non prenderla sul personale, forse non hanno, semplicemente, abbastanza tempo per fare nuove amicizie.

Conversazioni noiose

Congratulazioni, il ragazzo con cui hai parlato, ha chiamato per vedere se l'invito per il caffè era ancora valido. Hai un nuovo amico! Quindi decidete entrambi una data, un luogo e un'attività. Arriva l'appuntamento, vi sedete a parlare e vi conoscete, e poi notate che la conversazione si interrompe non appena uno di voi smette di parlare. Non importa quanto vi sforziate entrambi, alla fine la conversazione muore. Anche se torni alla tua passione principale (quella di cui hai parlato la prima volta), la ripetitività annoia entrambi. Alla fine torni a casa confuso. Tutto sembrava andare alla grande la prima volta, cosa è successo la seconda?

Le conversazioni noiose sono l'ostacolo principale che dovrai affrontare quando proverai a stabilire una nuova relazione con qualcuno. È qualcosa che devi combattere attivamente in ogni conversazione e, se non viene controllato, può rovinare il legame che hai con quella particolare persona. Il modo per affrontarlo è abbastanza semplice, e se lo pratichi ogni giorno, diventerai un esperto nel gestirlo.

Il modo migliore per coinvolgere e creare un ambiente divertente per le conversazioni è scoprire cosa eccita le persone. No, non intendo in “quel” modo, sto parlando di essere eccitato emotivamente. Questo è il primo passo che devi fare e allo stesso tempo il più difficile. L'idea alla base di questo passaggio della conversazione è scoprire cosa stimola l'altra persona a livello emotivo e, come suggerisce il nome, potrebbe diventare emotivo. Non parlare mai di argomenti pesanti, almeno nelle prime volte. Se l'altra persona ha bisogno di parlare di un certo argomento pesante, l'argomento verrà fuori naturalmente. Puoi utilizzare questo elenco di argomenti pesanti come guida per vedere cosa è meglio evitare:

- Aborto e argomenti relativi alla salute

- Religione (questo è abbastanza importante, soprattutto perché molte persone vedono la religione come uno stile di vita, quindi, a meno che non condividiate entrambi la stessa religione, cercate di evitarlo a tutti i costi)

- Politica

- In alcuni casi, Sport

Mentre il resto potrebbe essere abbastanza ovvio, potresti pensare che lo sport non dovrebbe essere in quella lista, ma la verità è che molte persone prendono lo sport troppo sul serio e difenderanno i loro colori o la loro squadra con passione. A meno che tu non sia esperto in materia, è meglio stare alla larga da questo argomento.

Altri argomenti potrebbero essere fuori da questo piccolo elenco, a seconda dei casi (ad esempio, se vedi che il tuo interlocutore ha una disabilità, non sollevarlo a meno che l'argomento non venga fuori naturalmente), ma in termini generali, l'elenco dovrebbe aiutarti a rimanere chiaro da qualsiasi problema. Detto questo, se i tuoi valori sono radicati in questi argomenti (potresti avere un'opinione ferma sull'aborto o sulla politica attuale), sii sempre consapevole che mentre le persone potrebbero avere un'opinione su di essi, non significa che vorranno necessariamente condividerli.

Abbiamo parlato di scoprire cosa ama l'altra persona. Per fare questo, fai di tutto per conoscere la vita di quella persona:

- "Qual è stata la parte migliore del tuo anno?"

- "Cosa fai come hobby?"

- "Tralasciando il lavoro, quale altro interesse hai?"

Secondo diversi ricercatori sull'argomento, ciò che guida le nostre relazioni e la nostra interazione con il resto del mondo è sentirsi importanti, sentirsi amati e trovare altre persone interessanti. Questo è normale, e questo non significa che siamo tutti egoisti (però se ne hai bisogno un po' troppo, potresti finire per avere una personalità egocentrica, quindi fai attenzione). La psicologia alla base di questo è abbastanza semplice: se riesci a far sentire qualcuno unico e speciale ascoltando e prestando attenzione alle sue opinioni, sentimenti o idee, diventerai a tua volta attraente per lui. Quando parli con qualcuno e desideri dimostrargli il tuo apprezzamento, puoi provare a porre loro domande per scoprire cosa ritengono significativo.

Se stai parlando con qualcuno a una festa, cerca di impegnarti completamente con loro. Non restare al telefono e non parlare con nessuno che non sia la persona con cui stai parlando in quel momento. Se dedichi tutta la tua attenzione a quella persona specifica, si sentirà importante e degna di attenzione e farà del suo meglio per guadagnarsela. Sorridi se è una bella storia, ridi se è divertente o mostra tristezza se è una storia triste. Non distrarti per controllare la posta al cellulare o caricare un'immagine su Internet. Alla fine le persone lo capiranno e potrebbero smettere di parlarti. Dopo tutto, il loro tempo è importante, quindi perché dovrebbero preoccuparsi di qualcuno che non lo apprezza?

La tua postura è anche una finestra sul tuo interesse per l'altra persona. Le persone rilevano inconsciamente i segni del corpo, che gli mostrano se stiamo prestano loro attenzione o se li stiamo ignorando. Oltre a evitare di controllare il telefono, i seguenti sono alcuni suggerimenti che potresti non conoscere:

La direzione delle dita dei piedi. Sì, sembra abbastanza sciocco, ma come già detto, questo è uno di quei segni che raccogliamo senza nemmeno saperlo. Se tieni le dita dei piedi puntate verso la persona che parla, il suo cervello raccoglierà la direzione dei tuoi piedi e userà quel segno per valutare l'interesse. Se stai ascoltando qualcuno che parla delle sue esperienze come padre, puoi farlo sentire apprezzato e degno della tua attenzione tenendo il busto e le dita dei piedi puntati su di loro mentre parlano. È un modo non verbale per esprimere interesse e dire "sto ascoltando".

Il triplo cenno del capo è un modo per esprimere interesse. All'inizio potrebbe sembrare strano, ma gli studi hanno dimostrato che le persone tendono a parlare da due a quattro volte più a lungo se fai loro un triplo cenno del capo. Funziona come un indizio inconscio per andare avanti ed espandere la loro storia. Quando qualcuno finisce di parlare e senti che potrebbe esserci dell'altro, guardalo negli occhi e annuisci tre volte. Il più delle volte, continueranno la loro storia e, se non lo fanno, puoi sempre fare un'altra domanda relativa a ciò di cui hanno parlato.

Se vedi che la conversazione sta morendo, fai domande aperte. Ciò contribuirà a mantenere viva la conversazione. Ad esempio, supponiamo che il vostro interlocutore stia parlando della vecchia storia romana e vedete che la discussione sta raggiungendo una fase in cui entrambi non sapete cosa dire. In tal caso, chiedi qualcosa che potrebbe richiedere del tempo per rispondere completamente. Nell'esempio di cui stavamo parlando, chiedi delle differenze tra romani e greci e come ciascuna civiltà si è adattata all'altra. Tieni presente che stiamo fornendo solo esempi casuali basati su conversazioni tipiche, ma si può sempre chiedere quello che si vuole. Ciò contribuirà a evitare risposte "sì" e "no", consentirà al tuo interlocutore di esprimersi e condividerà più informazioni che puoi utilizzare per continuare la conversazione.

Forse questo è il momento perfetto per parlarne...le conversazioni non dovrebbero essere come un interrogatorio della polizia. Anche se un po' di domande vanno bene, non devono però essere a scapito della pace del tuo interlocutore. Si suggerisce di portare avanti la conversazione un po' di più, ma non di spingerla al punto da far sentire a disagio l'altra persona. Se non vogliono rispondere a una domanda, o desiderano andare da qualche altra parte per parlare o fare qualcos'altro, lasciali andare. Non ti devono una risposta e se non vogliono parlare non hanno l'obbligo di farlo. Leggendo e guardando le persone interagire, si vedono diverse persone imbarazzanti forzare le loro opinioni sul resto dei presenti perché credono erroneamente che l'obiettivo principale di qualsiasi conversazione sia vincere la discussione. Questo è un errore assoluto da evitare a tutti i costi.

Altre cose che puoi usare per iniziare e mantenere viva una conversazione sono parlare di qualcosa di speciale che indossano o di qualcosa di particolare sull'ambiente in cui ti trovi. Questo è un modo perfetto per iniziare una conversazione perché se indossano un capo di abbigliamento unico, saranno più inclini a parlarne. Oppure, se hanno un altro capo di abbigliamento unico, come orecchini speciali, ad esempio, si può innescare una conversazione su dove li hanno presi e se li hanno presi durante un viaggio all'estero, etc. Tuttavia, se non hanno nulla in particolare, puoi sempre commentare il tuo ambiente e usarlo come spunto per parlare di qualsiasi cosa ti venga in mente. Dì che alla festa in cui siete entrambi, ci sono candele distintive che illuminano il posto o altro, in modo che la conversazione possa proseguire.

Continua a praticare questi passaggi e, con pratica, vedrai che in ogni conversazione che avrai, finirai per andare molto più in profondità di quanto ti aspettassi.

Ma andiamo sulla strada negativa: qualunque cosa tu provi, la conversazione muore. Hai fatto tutto il possibile e devi capire che non sei obbligato ad amare ogni singola persona che incontri nella tua vita. Puoi creare una relazione duratura con alcuni di loro, e il resto andrà e verrà dalla tua vita. Va bene, e la soluzione migliore in questi casi è ritirarsi e passare a un'altra persona con cui potresti sentirti più connesso o con cui hai più cose in comune.

Continua la conversazione andando oltre i convenevoli

Una delle cose più terrificanti dell'essere in una conversazione, specialmente con estranei, è il silenzio imbarazzante che molti di noi sperimentano dopo aver intrapreso una discreta quantità di chiacchiere. Il silenzio imbarazzante è qualcosa che fa sì che molti non si immergano nella conversazione. Ora che hai superato la paura di parlare con estranei, ti sei presentato nel modo più gentile possibile e attraverso gli spunti di conversazione ti sei impegnato in una discreta quantità di chiacchiere, la sfida successiva è quella di non rimanere mai a corto di cose da dire. Come continuiamo la conversazione mantenendola interessante e scorrevole?

Per superare questo problema, la prima cosa che devi capire è perché accade il silenzio imbarazzante, specialmente quando stai conversando con estranei. Il silenzio imbarazzante è interno perché quando pensi di aver finito le cose da dire, è esattamente ciò che sta accadendo. Hai attivato un filtro che vaglia ciò che ritieni sia abbastanza buono da dire a uno sconosciuto limitando così le tue scelte. Questo filtro è quasi inesistente quando stai conversando con persone che conosci bene. Puoi conversare per ore su diversi argomenti non correlati senza stressarti su cosa dire dopo. La tua soglia "abbastanza buona per la conversazione" è molto bassa quando parli con un amico o un conoscente. Se hai voglia di sollevare un argomento interessante che ti viene in mente, fallo e basta.

Qui sta la risposta per mantenere una conversazione oltre i convenevoli. Devi perdere le tue inibizioni e non filtrare le cose dalla tua conversazione. Fintanto che un argomento o un pensiero è abbastanza buono per vocalizzare, fallo. Devi imparare come adattarti alle conversazioni in movimento, cosa che puoi fare rimuovendo questo filtro. Oltre a mantenere la conversazione oltre le chiacchiere e i convenevoli, devi essere emotivamente vulnerabile. Questo non significa che devi rivelare il tuo segreto più profondo e oscuro. Significa solo che devi guidare aprendoti per primo. Sii il primo a spostare la conversazione oltre i convenevoli condividendo qualcosa di personale. Ecco perché questo è importante. Quando le persone hanno fiducia, ricambiano in maniera naturale. Poiché ti sei aperto a loro, si apriranno a te, il che renderà la conversazione più profonda.

Un altro modo per portare le conversazioni oltre i convenevoli è concentrarsi sui tipi di argomenti che sollevi mentre ti impegni in chiacchiere. Nella maggior parte dei casi, la maggior parte di noi ha circa 10 domande da porre e quando lo sconosciuto con cui stiamo parlando risponde alla maggior parte di queste, segue un silenzio imbarazzante.

E' necessario concentrarsi sull'utilizzo di richieste di conversazione che richiedono più di una parola per risposta. Ad esempio, domande come "come va il lavoro", "come stanno i bambini" o "come siete stati" faranno ben poco per portare la conversazione oltre la superficie. Questo è il motivo per cui devi sollevare argomenti più interessanti per la discussione. Mantieni la conversazione profonda e interessante, ma evita certi argomenti come la morte o la guerra. Il nostro obiettivo è mantenere queste conversazioni divertenti. Parlare di morte o di guerra non è certo divertente. Argomenti importanti e seri favoriranno una conversazione più interessante e coinvolgente. Imparerai molto sull'altra persona condividendo storie di grande impatto relative all'argomento in discussione. Sarai anche riuscito a portare la conversazione oltre i convenevoli.

Alcuni argomenti vengono ripetuti volutamente, perché devono entrare bene in mente a chi ne ha di bisogno.

Impara come trasformare gli estranei in amici

Le cose più grandi arrivano a coloro che sono disposti a rischiare il rifiuto e il fallimento. La paura del rifiuto è proprio la cosa che ti ha impedito di creare amicizie e relazioni durature con estranei. Ora che hai implementato tutti i passaggi visti finora, hai superato questa paura. Congratulazioni! Ora sei pronto per la sfida di trasformare una conversazione casuale con uno sconosciuto in un'amicizia duratura. Ecco alcuni suggerimenti su come farlo:

Costruisci sugli elementi in comune

A questo punto, presumeremo che lo sconosciuto che vuoi trasformare in amico sia qualcuno con cui hai fatto già conversazione, e dopo aver approfondito la stessa, hai deciso che questa persona è qualcuno con cui vale la pena fare amicizia.

Per mantenere viva questa conversazione e far fiorire l'amicizia, puoi costruire su elementi comuni. Ad esempio, se sia tu che il conoscente amate le escursioni, e tu e molti altri amici avete programmato un'escursione nelle prossime settimane o mesi, puoi invitare casualmente questa persona e poi continuare ad approfondire la conversazione su questo punto di reciproco interesse. Poiché alla persona piace fare escursioni, è più probabile che dica di sì e questo ti offrirà la possibilità di incontrarla un'altra volta. Questa futura interazione cementerà la conoscenza e la trasformerà in un'amicizia in erba.

Non dimenticare le informazioni di contatto

Dopo aver avuto un'ottima prima conversazione con qualcuno che hai appena incontrato, prima di andare per strade separate, cerca di capire la situazione. Se ritieni che la persona si sia divertita a conversare con te (soprattutto se, nell'esempio precedente, la persona accetta di venire per l'escursione programmata), prendi l'iniziativa e chiedi le informazioni di contatto. Avere le informazioni di contatto del tuo "nuovo amico" renderà più facile la comunicazione. Quando si tratta di chiedere informazioni di contatto, sii diretto. Di' qualcosa come: "Mi sono divertito così tanto a chiacchierare con te, prima che tu vada, scambiamoci i numeri così possiamo incontrarci e chiacchierare di più su quell'escursione."

Sii amichevole

In più di un'occasione abbiamo indicato che i conoscenti si sentono più attratti da noi, e quindi più aperti alle amicizie, se siamo aperti e vulnerabili a livello personale. Questo è ciò che intendiamo per essere amichevoli. Dopo aver eseguito tutti i passaggi, quella persona non è più un estraneo, è un conoscente, il che è a un passo dall'amicizia. Tratta una persona come tratteresti un amico, il che significa che dovresti intraprendere la creazione di un livello di comunicazione onesta e familiare mentre discuti e agisci in base a interessi reciproci.

Impara come diventare il centro dell'attenzione

Ora che stai arrivando alla fine di questa guida in 7 passaggi, devi imparare un'altra abilità: come diventare il centro dell'attenzione. Se hai notato, i primi 6 passaggi di questa guida hanno un tema centrale: la concentrazione esteriore sulla persona all'altro capo della conversazione.

Naturalmente, ci sono casi in cui vorrai attirare l'attenzione quando ti trovi in una situazione sociale. Ad esempio, se seguiamo il nostro esempio di escursionismo dal passaggio 6, quando tu, il tuo nuovo amico e altri amici andate a fare quell'escursione, potreste voler essere al centro dell'attenzione in modo da poter continuare la conversazione ed evitare al vostro nuovo amico di sentirsi escluso. Ci sono diversi modi per farlo:

Assumi una posizione centrale

Se stai partecipando a una riunione sociale, un modo efficace per attirare l'attenzione è stare in piedi o sederti in una posizione prominente in cui l'attenzione è centrata. Questo ti farà apparire amichevole e disponibile, il che significa che gli estranei si sentiranno attratti da te.

Muoviti periodicamente

Continuando con l'esempio dell'incontro sociale, anche dopo aver assunto una posizione centrale, non cementarti lì, che è ciò che molti di noi tendono fare, invece sposta le posizioni a intervalli di 15-30 minuti. Questo ti assicura di interagire con quante più persone possibile, il che significa anche che finirai per attirare molta buona attenzione.

Sii l'inizio della conversazione

Abbiamo parlato dell'importanza di essere coraggiosi. Devi renderti conto che la maggior parte delle persone evita di iniziare una conversazione, pertanto, se sei quello che la avvia, sarai "quello" che si rivolge a coloro che lo circondano. Diventerai automaticamente il centro dell'attenzione. Inoltre, ricorda di seguire le regole per iniziare una conversazione, mantieni la conversazione leggera e quando ti imbatti in qualcuno o in un gruppo di persone interessanti, approfondisci la conversazione e coinvolgi più persone nella conversazione.

Padroneggia l'arte della conversazione

Come l'arte, la conversazione è un'abilità fatta di sfumature, eleganza e implementazioni creative. C'è un'arte in tutto ciò che facciamo e senza stile, estro e pratica, la maggior parte delle cose diventa lavoro noioso. Probabilmente avrai incontrato molte persone che hanno imparato l'arte della conversazione. Questi individui spesso possiedono la capacità di parlare con chiunque con facilità. Alcuni sono nati abili e dotati di tale dono, mentre altri, come te, devono esercitarsi per diventare conversatori eloquenti. L'arte della conversazione è un'abilità acquisita che impari avvicinandoti a estranei senza recitare in modo drammatico o essere un comico. Sebbene ci siano molti modi per padroneggiare l'arte della conversazione, di seguito sono riportati alcuni modi esemplari:

Essere sé stessi

Sii te stesso e rilassa il tuo corpo, quando ti avvicini a uno sconosciuto, non fingere di essere qualcosa o qualcuno che non sei, perché quando cerchi di essere qualcuno che non sei, il tuo linguaggio del corpo ti tradirà rispecchiando questo inganno, il che significa che non riuscirai ad avviare una conversazione, ancor prima di pronunciare una parola. È difficile agire in modo rilassato quando non lo sei e potresti finire per dire o fare cose incomprensibili completamente estranee alla conversazione che stavi per voler fare. Per calmare i nervi e rilassare il corpo, esercitati a camminare lentamente e fai diversi respiri profondi e sorridi calorosamente per apparire più piacevole e accessibile. Quando sei rilassato, ti comporti in modo normale e amichevole, sarà più facile per le altre persone aprirsi e presentarsi.

Equilibrio tra parlare e ascoltare

Se vuoi avere una conversazione buona e piacevole con estranei, trova un equilibrio tra ascoltare e parlare. Una conversazione può trasformarsi da piacevole e tranquilla a noiosa se una sola parte parla mentre l'altra parte ascolta. Questo può far sì che l'interlocutore si disconnetta lentamente, interrompendo così la conversazione. Ci sono molte ragioni che possono innescare la mancanza di una conversazione equilibrata, di queste il nervosismo è la causa principale. Il nervosismo ti congela e rende difficile trovare qualcosa da dire. Quando ciò accade, fai un respiro profondo, uno dopo l'altro, indossa un sorriso sul viso e concentrati su quello che stavi dicendo. Se è l'altra persona che si blocca, prova a interromperla. Se i tuoi sforzi non riescono a ottenere i risultati desiderati, scusati educatamente e vai avanti. Per avviare buone conversazioni, entrambi i partner che conversano dovrebbero esprimersi in modo equo e confortevole, altrimenti la conversazione si trasformerà in un monologo.

Mostra interesse e curiosità

Per avviare conversazioni autentiche che dureranno un po', mostra prima interesse. Mostrare interesse incoraggerà l'altra persona a sentirsi a proprio agio con te, a essere rilassata e a interagire con te liberamente. Mostra attenzione e sii curioso mantenendo il contatto visivo durante la conversazione e ascoltando attentamente. In questo modo, anche se sei timido, sarai in grado di avvicinarti a uno sconosciuto e rendere più facile stringere un'amicizia.

Sii interessante e variamente informato

Essere interessanti non significa diventare un intrattenitore, un comico o un brillante narratore. No. Per essere interessante, tutto ciò di cui hai bisogno è mostrare interesse per gli altri, essere ben informato e aggiornato con le tendenze attuali. Rimani aggiornato su notizie locali e mondiali, eventi, musica più recente, tecnologia e nuove scoperte. Dal momento che non possiamo sapere tutto ciò che accade nel nostro ambiente, il poco che sai può mantenere viva la tua conversazione e renderla interessante mentre impari anche cose nuove. Quando non ti senti qualificato per dire qualcosa, ascolta e sorridi mentre ascolti.

Silenzia il tuo critico interiore

Sfortunatamente, avrai momenti in cui il tuo critico interiore continua a scivolare in alcuni commenti intesi a buttarti giù mentre conversi con uno sconosciuto. Il tuo critico interiore probabilmente scivolerà in pensieri come: non gli piaccio, sono così noioso, sta solo fingendo, sta cercando di essere gentile con me, lui o lei non può essere così gentile con me, deve nascondere qualcosa. Tali pensieri possono renderti ansioso e farti perdere la concentrazione mentre parli con uno sconosciuto. Pertanto, è necessario metterli a tacere se si desidera avere una conversazione significativa in cui non vi sia un chiaro imbarazzo durante la conversazione. Per mettere a tacere il tuo critico interiore, fai un respiro profondo e sfida il tuo critico interiore chiedendo prove per qualunque cosa ti stia dicendo.

Pratica per perfezionare

Come ogni arte e abilità, ci vuole pratica per essere bravi in qualsiasi cosa, inclusa quella della conversazione. Non aspettarti di essere un esperto dopo aver svolto le prime prove. È necessaria molta pratica, adattamenti ed esposizione a diverse situazioni sociali e più ti avvicini e conversi con persone diverse, più svilupperai le tue capacità di conversazione. Inizialmente esercita le tue capacità di conversazione con le persone con cui ti senti a tuo agio e con la famiglia prima di avventurarti in altri eventi sociali. Fare pratica con la tua cerchia di amici ti darà un feedback positivo che ti permetterà di identificare i tuoi punti deboli e lavorarci su. Per diventare abile nell'arte della conversazione, pratica, non c'è niente di meglio che fare pratica.

Suggerimenti per migliorare le conversazioni

Come schivare le conversazioni problematiche

In alcuni casi puoi iniziare una conversazione e presto, la stessa, peggiora anziché migliorare. Questo può pesarti molto e ritieni che la conversazione debba essere interrotta. Ci sono momenti in cui una conversazione parla di una questione delicata o è troppo aggressiva. Devi uscire dalla conversazione o semplicemente interromperla senza che le persone coinvolte si sentano offese. Le conversazioni che sono diventate troppo polemiche possono essere faticose e tirare fuori il peggio da te quando ti lasci trasportare. Stessa cosa quando ti ritrovi invischiato in una conversazione con uno snob che si vanta delle sue qualità per tutto il tempo che conversate.

Un modo per interrompere tale flusso è aspettare il momento in cui fanno una pausa tra le frasi o una serie di domande. Dì che hai apprezzato le ultime cose che hanno detto e congratulati per aver condiviso i loro pensieri. Lascia che ti scusino e ti stringano la mano mentre sorridi e scappi.

Gestire il tipo che si lamenta sempre

Ci sono persone che pensano che chiunque incontrano dovrebbe sentire le problematiche che sono nella loro vita. Vedono tutti gli aspetti positivi su di te e tutti gli aspetti negativi su di essi. A volte parlano come se gli aspetti positivi che notano in te, stessero solo peggiorando i loro problemi. Attenzione, alcune volte, oltre essere persone particolarmente negative, possono essere persone che vogliono controllarti, facendo appello alle tue emozioni o sfruttando la tua sensibilità.

Non è mai divertente incontrare qualcuno che vuole renderti responsabile dei suoi problemi. Sono soffocanti e possono farti rassegnare per ascoltare cose che con te hanno ben poco a che fare. Probabilmente hanno anche bisogno di alcune abilità sociali tanto quanto quelle che anche tu stai cercando di imparare.

Dovrai gestire questo tipo di persone con un atteggiamento che gli farà credere che stai iniziando a preoccuparti per loro, trasmettendo alcuni segni di apprensione per le loro difficoltà, al fine di assicurarti che sappiano che li hai ascoltati, ma evita di essere premuroso mentre gli dai eventuali consigli. Potresti dire loro di continuare a provare, di resistere e di avere speranza. Dopo, salutali pronunciando i loro nomi. Probabilmente non avranno possibilità di continuare a raccontare i loro problemi e tu sarai rapidamente uscito da una situazione indesiderabile.

Segni e spunti di conversazione

1- Spazio personale

Sei mai stato in una conversazione in cui una delle persone coinvolte è troppo vicina all'altra? Questo è l'aspetto dell'invasione dello spazio personale. Se sei troppo vicino a qualcuno, le persone non si preoccuperanno di quello che stai dicendo, perché è una tattica intimidatoria che viene spesso utilizzata per sopraffare qualcuno, poiché stai usando tutto il tuo corpo per esprimere la tua idea. Questo è del tutto sbagliato ed è qualcosa che dovrebbe essere evitato a tutti i costi. Allo stesso modo, se ti trovi troppo lontano, il tuo interlocutore non sarà in grado di darti l'attenzione che meriti. Il modo migliore per affrontare questo problema è cercare di mantenere la giusta distanza, e questo dipende da quanto familiarità hai con quella persona. Se è la prima volta che la incontri, usa la giusta distanza. Se invece hai abbastanza familiarità, o ti sei già visto prima, puoi parlare più da vicino.

2- Tono di voce

Se lavori in un ufficio dove ci sono centinaia di dipendenti, incontrerai spesso questo problema. Alcune persone non ascoltano la loro voce per capire se è troppo alta. Se hai dei dubbi sulla tua voce, prova a registrarla, per esempio leggendo un paragrafo di un libro. Suona forte? Se sei ancora in dubbio, puoi provare a consultare un medico. Ti guideranno e consiglieranno in caso di difficoltà di linguaggio o altre complicazioni.

In una conversazione, presta sempre attenzione non solo a ciò che sta dicendo il tuo interlocutore, ma anche a come parla. Queste informazioni sono importanti tanto quanto il messaggio stesso e puoi imparare molto osservando il tono, l'inflessione, il volume e l'articolazione del loro discorso. L'ultima cosa che vuoi come oratore è che gli ascoltatori interpretino male il tuo messaggio perché hai alzato un po' la voce.

3- Registro vocale

Come corollario al punto precedente, non importa quanto sia importante il messaggio, il tono e il registro vocale sono ciò che le persone ricorderanno dal tuo discorso. La cosa più importante in una conversazione è usare il registro vocale corretto per l'argomento che stai discutendo. Ad esempio, se è una situazione felice o un incontro amichevole, non devi usare una voce più bassa perché ciò esprime tristezza. Cerca di usare un registro più alto nella tua voce per esprimere la tua felicità. Allo stesso modo, se sei a un funerale o in ospedale, devi usare un registro inferiore perché è quello che si adatta al luogo e alla situazione.

Tempo opportuno per finire

Quando stai conversando con qualcuno che hai appena incontrato, dovrai cercare di mantenere la conversazione relativamente breve. La brevità dipende dalla conversazione e dal livello di coinvolgimento tra voi due. Dovresti essere in grado di capirlo intuitivamente.

Tuttavia, le conversazioni possono anche sembrare imbarazzanti quando vengono portate a termine troppo rapidamente. Ciò accade in particolare con le persone che hanno ansia per le interazioni sociali. Quando le persone hanno ansia, percepiscono il pericolo di perdere il controllo della situazione, quindi tendono a troncare la conversazione, che potrebbe sembrare brusca e inaspettata dall'altra parte.

Quando invece non si ha altro da dire, significa che è ora di porre fine alla conversazione. Non bisogna cercare di estenderla per introdurre un nuovo argomento, poiché ci sarà una disconnessione nel flusso del soggetto. Di solito, una conversazione che deve continuare passa semplicemente a un nuovo argomento all'insaputa di chi sta parlando. Ti accorgi solo in seguito di aver perso l'argomento originale della discussione. Tuttavia, quando c'è una chiara dimostrazione che tutto è stato detto, è ora di concludere la conversazione.

Fai un'impressione positiva quando chiudi

A volte le pause si insinuano naturalmente quando una conversazione cambia argomento e quando il tono generale della conversazione cambia. Questo cambiamento è il momento perfetto per chiudere la conversazione. Puoi farlo dicendo che ti piace quello che ha detto l'altra persona e di mostrare che la conversazione è stata importante. Se è qualcuno di familiare, concludi dicendo che ti manterrai in contatto. Si tratta di rafforzare la connessione che esiste anche quando ti separi. Lascia che non si sentano come se terminare la conversazione significasse che non sei più interessato a loro. Tuttavia, non è bene mantenere il momento di separazione troppo lungo, basterà una stretta di mano, un sorriso e un segnale di contatto visivo.

Capitolo 4

Riconosci l'ansia sociale e la timidezza

È normale sentirsi nervosi in alcune situazioni. Ma quando il grado della sensazione di ansia si intensifica a livelli più alti fino a sentirsi impauriti, impacciati e imbarazzati, pensando sempre di essere giudicati o valutati dagli altri, allora potresti soffrire di ansia sociale, chiamata anche fobia sociale. Le persone socialmente ansiose possiedono paura e ansia che gli fanno evitare persone e situazioni, e questo finisce per sconvolgere le loro vite. Le loro routine di lavoro, scuola, casa e altre attività vengono influenzate e disadattate in modo significativo. Principalmente l'ansia sociale influisce sulla propria salute mentale e ha un impatto negativo sulla capacità di sviluppare fiducia per interagire con le persone. Le persone socialmente ansiose sono piuttosto timide.

Persone diverse mostrano diversi livelli di comfort in situazioni diverse a seconda dei loro tratti di personalità e delle esperienze di vita vissute. In quanto tale, non tutte le manifestazioni di timidezza, specialmente nei bambini, denotano ansia sociale. Ci potrebbe essere altro a cui prestare attenzione per arrivare a una tale conclusione. Anche tra gli adulti, ci sono personalità estroverse e tipi di persone più "chiuse" che non sono necessariamente timide o socialmente ansiose. L'ansia sociale insorge fin dai primi anni dell'adolescenza, ma può anche iniziare da bambini o da adulti. Le persone socialmente ansiose sono sempre consapevoli delle situazioni in cui possono sentirsi giudicate da altre persone. Lo percepiscono dagli occhi di tutti e pensano di essere visti come inadeguati, quindi vogliono starne alla larga. Hanno davvero paura che qualunque cosa facciano, dicano o presentino alle persone le renderebbe imbarazzate o umiliate.

Le persone socialmente ansiose hanno un'intensa paura di interagire o parlare con estranei. Non sanno come avviare o sostenere una conversazione con persone che non conoscono. Spesso non riescono nemmeno a salutare e potrebbero non rispondere in modo udibile al saluto. Gli ansiosi sanno di essere ansiosi. Temono davvero che tutti gli altri notino la loro ansia dal loro aspetto o dai loro comportamenti. Sono incerti su come comportarsi in modo da mostrare la loro fiducia, e questo gli causa più ansia. Inoltre, causa loro imbarazzo e iniziano a sudare, arrossire e la loro voce diventa tremante.

Le persone socialmente ansiose dubitano della loro capacità di portare avanti una conversazione sana, di capire cosa viene detto loro e di usare termini appropriati. Questa è la stessa consapevolezza che gli fa pensare che potrebbero diventare il centro dell'attenzione per tutti. Non vogliono essere i relatori principali di un evento, o avere una lunga sessione affrontando un gruppo di persone, o diventare un argomento su cui il resto può osservare e apprendere o discutere questioni.

I fobici sono più inclini a pensare di non ricevere o comprendere correttamente le istruzioni e quindi temono di non fare bene le cose. Questo costituisce la base per sviluppare la paura di affrontare eventi in cui devono essere persone guida. Sono estremamente timorosi e ansiosi di farlo e cercano consapevolmente di evitare di commettere errori o di attirare la partecipazione della congregazione nel corso dell'azione. Semplicemente, non è naturale per loro essere soggetti a qualcosa di buono o cattivo, e potrebbero persino chiedersi perché è toccato proprio a loro.

Alla fine di una attività, i socialmente fobici credono di non aver mai dato il massimo. Pensano costantemente di aver escluso qualcosa di importante, non hanno detto perfettamente qualcosa, hanno enfatizzato eccessivamente un punto o un'attività banale ecc. Quindi iniziano a rimuginare su questo per un lungo periodo post-evento. Identificheranno i difetti nelle loro interazioni con le persone, nella loro attività e nelle loro presentazioni e tenderanno ad incolpare sé stessi perché non avrebbero dovuto intraprendere il primo passo, o come avrebbero potuto eseguire meglio le cose.

Le persone socialmente fobiche sono simili a pensatori eccessivi. Si aspettano che sorgano cose negative nel corso di ogni buona azione. Quando le cose sembrano non andare molto bene o non come previsto, per loro è normale. Quando tutto va bene, è strano. Una persona socialmente fobica si aspetterà di non essere gradito dalla sua controparte e, oltre a ciò, percepirà un possibile conflitto che potrebbe rapidamente sfociare in una lotta o in uno scambio di abusi. Questa esperienza immaginaria gli farà desiderare di stare lontano dai guai stando lontano dalle persone o semplicemente non esprimendosi affatto.

L'ansia sociale nei bambini può manifestarsi sotto forma di pianto, scoppi d'ira, aggrapparsi strettamente e rigorosamente ai loro genitori e rifiutarsi di parlare con tutti. Nasconderanno la loro faccia. Un bambino socialmente ansioso può persino scappare di casa e finire in posti strani, strade, cespugli o piantagioni. Hanno paura di trovarsi faccia a faccia con le persone e temono la conseguenza di non essere in grado di parlare, che potrebbe essere una punizione, che non possono sopportare mentalmente.

Fisicamente, le persone socialmente fobiche arrossiscono molto. Non sanno come riconoscere l'apprezzamento e non sanno altrettanto bene come affrontare la delusione. L'ansia aumenta il battito cardiaco. Ciò è associato al fatto che non si trovano in uno stato naturale di agio, il che aumenta la loro attenzione alle incertezze interne ed esterne. Possono avere difficoltà a riprendere fiato a sufficienza. Il nervosismo sarà visto come tremore e sudorazione.

Alcuni sperimentano disturbi di stomaco e nausea, vertigini e sensazione di vuoto mentale. Questi sintomi caratterizzano la persona socialmente fobica come una persona che non vive la vita così com'è, ma è come se vivesse in un'altra "atmosfera nuvolosa" che sembra non quella naturale che conosciamo qui sulla terra. Alcuni sviluppano abitudini alimentari anormali, eccesso di cibo o sottoalimentazione, preferenza per certi cibi rispetto ad altri o addirittura dipendenza. Potrebbero anche sperimentare tensioni muscolari insolite le cui cause potrebbero non essere scientificamente fondate. Questo potrebbe spiegare come può portare a problemi di salute fisica.

Gli individui socialmente fobici tendono generalmente ad evitare eventi quotidiani come incontrare e interagire con persone sconosciute, partecipare a riunioni o feste sociali o familiari, andare a scuola o al lavoro, iniziare conversazioni, contatto visivo, mangiare davanti ad altre persone, usare bagni pubblici, entrare una stanza in cui le persone sono già sedute. L'ansia sociale può sfociare in una bassa autostima, nel pensare che la passività è la vita, dialogo interiore negativo, scarse abilità sociali, ipersensibilità alle critiche, basso rendimento scolastico e nella vita, abuso di droghe e sostanze o altre forme di abuso, ritiro dai circoli sociali e dalle relazioni.

L'ansia sociale influisce negativamente sulla fiducia in sé stessi e fa dubitare sulle capacità di svolgere compiti semplici o per affrontare le sfide che si potrebbero incontrare. Quando si arriva a un punto in cui le cose normali che le persone fanno sembrano troppo grandi e difficili da comprendere e da fare, allora associano la loro incapacità al loro valore, come basso o insignificante. Sviluppano anche la convinzione di essere mentalmente incompetenti rispetto ai loro coetanei e generalmente si tengono lontani dalla responsabilità.

Controllare la paura

Non dirlo a tutti

Non devi dire alla gente che tipo di persona sei. I tuoi più stretti collaboratori lo sanno già e sanno accettare e affrontare la tua situazione in modo positivo e costruttivo. Il resto del mondo non ha idea della tua timidezza e non ha alcun interesse ad essa, quindi, ignorali. La tua ansia non è visibile o amplificata come pensi.

Prenditi alla leggera

I tuoi amici lo faranno una volta ogni tanto, cioè parleranno della tua timidezza davanti a te. Non prenderlo così sul serio o sul personale. Probabilmente stanno cercando di sensibilizzarti per superarlo. E il modo migliore per iniziare è parlarne casualmente, per mantenere un tono leggero e amichevole. Ridici su. Parla anche tu a cuor leggero. Non fa davvero male. Aiuta.

Mantieni un tono di solidità

In alcune situazioni, sei destinato ad arrossire. A volte ti capiterà di agitarti. Ma fidati della tua solidità mentale e mantienila chiaramente al di sopra delle tue manifestazioni di debolezza o sottomissione. Riconosci il fatto di essere arrossito e dillo con tono fiducioso, per far capire al tuo pubblico o alla controparte che non sei debole come potrebbe sembrare.

Conosci completamente la tua individualità

Hai molto di più da raccontare e mostrare su di te. È improbabile che tu non sia mai stato bravo in qualcosa, così come è improbabile che tu non abbia mai raggiunto un obiettivo prima o che tu non abbia mai affrontato persone e individui. Definisci te stesso sulla base della somma di tutti i tuoi punti di forza e doti piuttosto che su un singolo tratto, e rispetta la tua vera identità. Come già detto, metti a tacere il tuo critico interiore.

Crea le tue relazioni con saggezza

Investi il tuo tempo per trovare e stringere amicizie e relazioni con persone che ti capiscono per quello che sei, con i tuoi punti di forza e i tuoi limiti. Abbi buona considerazione per le persone che sono cordiali, reattive e incoraggianti nei tuoi confronti. Dai e ricevi riconoscimenti in associazioni con cuore e mente aperta, e sicuramente aprirai le tue possibilità di crescita e prosperità.

Allontana i tuoi oppositori

Ognuno avrà qualcuno che agirà con crudeltà e sarcasmo nei propri confronti, e tu non fai eccezione. Semplicemente evitali. Molti a cui davvero non interessa quello che fai della tua vita, vorranno costringerti ad allontanarti dalle tue buone intenzioni al fine di mostrarti incapace e sconsiderato. Mantieni sempre una sana distanza di sicurezza da loro.

Osserva attentamente

Molte persone sono troppo dure con sé stesse, pensando di essere gli unici che hanno fatto scelte sbagliate nella vita e stanno quindi conducendo una vita piena di rammarico. Ma con un po' più di attenzione a osservare davvero come gli altri conducono la loro vita, noterai che anche loro mostrano segni di debolezza e insicurezza. Non sei solo. Ma puoi stare meglio se hai preso le misure necessarie per liberarti dall'autocritica e condurre una vita più libera, volontariamente e premurosamente.

Guarda il quadro generale

Quando una o due cose vanno storte in una situazione, non devi dare la colpa ai tuoi brutti incantesimi. La tua timidezza per lo più non ha nulla a che fare con ciò che va storto. In ogni evento, ci sono diversi giocatori, ognuno con il proprio ruolo e contribuisce al suo completamento con successo. Non è sempre un tuo errore. Inoltre, il fatto che qualcosa sia andato storto all'inizio non significa che non possa migliorare con il tempo. Allo stesso modo, gli eventi negativi minori non superano le molte cose positive che accadono. Sappi che il risultato previsto di un processo non è determinato da un singolo evento fuorviante.

Vedi te stesso sotto una luce migliore

Il socialmente fobico normalmente ha un'immagine negativa di sé stesso e del suo portamento. Pensa di non meritare molto credito, pensa di essere irredimibile, ma non è vero. Le persone vedono più positivamente di quanto pensi. Sanno che hai un potenziale maggiore. Sanno che ti devono più rispetto. Pensa a te stesso in questo modo e sarai pronto a migliorare il tuo corso di crescita e sviluppo come persona.

Sminuisci e affronta le tue paure

Allora, ti stai preparando per il prossimo evento o attività e stai sviluppando paura e ansia come al solito. Invece di congelarti sui pensieri delle paure, fissali e ignorali. La decisione che prendi di zoomare sull'affrontare le tue paure è fondamentale per acquisire la proprietà e il controllo delle tue attività, in questo modo ti assicuri che tutto vada secondo le tue intenzioni. Trova il tempo ogni giorno per annotare le preoccupazioni e le seccature che lasciano perplessi i tuoi pensieri. Fai un piano per risolvere ognuna di queste preoccupazioni con zelo e impegno, ogni singolo giorno. Alcune possono essere messe a tacere subito, mentre altri possono essere risolti alla fine della giornata. Ce ne sono altre invece, che semplicemente richiedono di affrontarle valutando i tuoi piani a lungo termine e rimanendo ottimista sul fatto che i tuoi obiettivi si realizzeranno se debitamente lavorati.

Superare l'ansia sociale

Sfida le tue tendenze alla negatività

Le tue tendenze predefinite come fobico sociale, sono quelle di pensare di non avere il controllo sui tuoi sentimenti e sulle tue azioni. Inizia a pensare che puoi fare qualcosa per i tuoi sentimenti e i tuoi pensieri, come imparare a metterli in discussione e man mano che sorgono, capire cosa significano veramente e se è utile per te onorarli.

Pratica la consapevolezza

Praticare la consapevolezza è semplicemente allenarsi a essere presenti quando si pensa, si sente o si decide qualsiasi cosa si voglia fare. Sii presente con te stesso e consapevole di ciò che vuoi ottenere dall'immaginazione e dalle azioni, ed assicurati di attraversare attivamente e sobriamente il processo. Essere consapevoli ti aiuta a non giudicare te stesso, ma a capire e regolarti fino a raggiungere il tuo obiettivo.

Prenditi del tempo

Il fobico cerca di rimanere in ambienti familiari e di fare le stesse cose più e più volte. Ma puoi prefiggerti l'obiettivo di provare nuovi posti con calma. Invece di lavorare da casa tua, prova a portare il tuo laptop al bar o al parco, ecc. E lavora da lì. Osserva come le persone si incontrano e conversano lì. Il pensiero di esporsi al nuovo ambiente rilassato aprirà il tuo essere sociale e ti aiuterà a espandere la tua ricettività e interessi sociali in un mondo più ampio.

Guarisci te stesso in anticipo

Identifica alcune situazioni terribili nella tua vita sociale ed elencale in ordine crescente di impatto. Esponiti a questi eventi cominciando dal meno terribile al più terribile. Ad esempio, inizia semplicemente entrando in una stanza buia e rimanendoci un po' prima di accendere le luci o uscire. Quindi cammina per le strade e prova a salutare gli estranei. L'obiettivo non è vedere come risponderanno, ma il fatto che hai superato la tua paura e hai fatto qualcosa che inizialmente temevi. Ripeti queste azioni finché non diventano naturali.

Concentrati sull'attività o sull'evento

Quando ti prepari per un'attività o un evento, concentrati sul dare tutta la tua attenzione in modo da farlo nel miglior modo possibile. Non pensare ai tuoi limiti, ma a cosa devi fare e a modellarlo nel miglior modo possibile per le tue capacità. Vestiti bene per l'evento e partecipa al colloquio sapendo che hai fatto tutto il possibile per rendere l'evento un successo. Tieni anche a mente che tutti sono interessati al completamento dell'attività in corso, non a te. Più ti concentri sul compito, più composto diventi e più intuizione ottieni e offri. Questo è ciò che è necessario per iniziare.

Abbina il tuo stile di vita

Conosci i tuoi cibi, esercizi, vestiti, colori e acconciature, ecc.. Leggi libri, prova nuovi hobby, ecc. Evita cibi che sconvolgono il tuo umore. Dare un'adeguata attenzione a te stesso, al tuo corpo, alla tua mente, alla tua prospettiva, ti prepara ad azioni e risultati positivi. L'ottimismo e la positività vanno con una prospettiva positiva. Essere al top con te stesso, ti mette al top con il resto del mondo.

Infine, sii gentile con te stesso e ricorda sempre di agire con sicurezza. Una combinazione di tutti questi fattori ti aiuterà ad affrontare le tue paure.

Capitolo 5

Fiducia in sé stessi e amore per sé stessi

Tutti desiderano essere felici, soddisfatti e avere successo in quello che fanno, tuttavia, questo non viene servito su un piatto d'argento. Ci sono molti fattori che contribuiscono a renderlo possibile, uno dei quali è la fiducia in sé stessi. Questo capitolo è dedicato a far luce sul motivo per cui è necessario sviluppare la fiducia in sé stessi.

La fiducia in sé stessi è avere fiducia delle proprie capacità e fede in sé stessi per superare qualsiasi ostacolo o sfida che si presenterà. È la fiducia in te stesso che ti tiene in carreggiata quando il gioco si fa duro. È l'ingrediente di cui hai bisogno per andare avanti quando tutti dubitano delle tue capacità. La fiducia in sé stessi non significa essere in grado di combattere da soli tutte le sfide, si tratta anche di avere la saggezza per comprendere le tue restrizioni e limitazioni, nonché i modi per rimediare.

Come conoscere una persona sicura?

Quando hai un obiettivo e una passione, non tutti lo condivideranno, inoltre, l'obiettivo non avrà senso per tutti. Di conseguenza, non è raro che le persone miopi critichino i tuoi sforzi. Una persona sicura di sé è abbastanza intelligente da ammettere gli errori, imparare da loro e andare avanti senza preoccuparsi di ciò che pensano gli altri. La vita ci pone difficoltà e sfide in ogni passo del nostro cammino, tuttavia, una persona sicura di sé supererà tutto questo e di conseguenza, offrirà volentieri aiuto a coloro che ne hanno bisogno.

Perché la fiducia in sé stessi è importante?

Mentre attraversi la vita e tutto ciò che ti getta addosso, è importante essere in grado di mantenere la tua vita in ordine e rimanere in pista. Nella nostra ricerca del pane quotidiano e nel tentativo di perseguire la nostra passione, la capacità di andare avanti è molto importante, nonostante tutto ciò che potrà accadere. È la fiducia in te stesso che ti impedirà di essere sopraffatto e ingannato, ed è un ingrediente fondamentale per il nostro successo. Questo è il motivo per cui la fiducia in sé stessi è uno degli attributi principali dei grandi leader. Se ti stai chiedendo perché la fiducia in te stesso è importante, ecco alcuni punti convincenti per i quali devi sviluppare la tua autostima.

Costruisci la tua resilienza

Secondo Friedrich Nietzsche, "Ciò che non ti uccide ti rende più forte".

Questa è una teoria che ha come scopo quello di dimostrare che i tempi difficili non sono lì per tagliarci le ali. Inoltre, ci vuole coraggio e determinazione per affrontare le sfide che possono "uccidere qualcuno". Finché sei umano, sei destinato ad affrontare battute d'arresto e fallimenti, indipendentemente dal tuo livello di fiducia. Il compito della fiducia in sé stessi è la capacità di gestire queste sfide e situazioni difficili in modo tale da uscirne forti. Tieni presente che a volte le cose non andranno come previsto, ma puoi superare le delusioni. Con il tempo, per ogni ostacolo che superi, scoprirai che errori e battute d'arresto sono tutti ingredienti del tuo percorso di crescita e successo. Con la fiducia in sé stessi, la paura del fallimento è fuori mano. Con questa logica, aprirsi a nuovi orizzonti non ti spaventerà poiché sei sicuro della tua capacità di sollevarti.

La fiducia in te stesso ti aiuta a ottenere ciò che desideri

C'è un modo in cui le persone sicure di sé si comportano. In una discussione, ad esempio, un oratore che coinvolge il pubblico mantenendo il contatto visivo in modo uniforme nella stanza e rende il pubblico parte della discussione si sentirà sicuro. Una persona sicura di sé non ha paura di esprimersi per ottenere ciò che vuole. Questo è diverso dall'essere arroganti, perché la fiducia in te stesso ti aiuta a coinvolgere gli altri, a fare le domande giuste per ottenere ciò che desideri, in altre parole, sai come giocare bene le tue carte. Questo spiega perché un datore di lavoro preferirebbe assumere un candidato che mostra fiducia in un colloquio, rispetto a un altro, indipendentemente dalla sua brillantezza. Una persona brillante, senza fiducia in sé stessa, potrebbe persino avere difficoltà a esprimersi in modo articolato per ottenere ciò che vuole.

La fiducia in sé stessi alimenta il tuo sogno

Molte persone hanno in mente la vita ideale che hanno sempre desiderato. Tuttavia, scoprono che non riescono a renderla una realtà. Molte volte, ciò che manca a queste persone è la fiducia a perseguire ciò che vogliono. Essere sicuri di sé non significa che la vita sarà roseo e avrai tutto ciò di cui hai bisogno per realizzare ciò a cui miri. Tuttavia, con la fiducia arriverà anche la certezza che potrai realizzare ciò che ti sei prefissato. Come discusso nel paragrafo iniziale, la fiducia in te stesso ti dà il coraggio di perseguire qualcosa, anche se molti altri non hanno fiducia in te. Tra le altre cose, è ciò che ti farà andare avanti, assicurandoti di rimanere fedele al compito, contro ogni previsione.

Puoi avere relazioni migliori

Uno degli attributi delle persone meno sicure è che diventano meno concentrate e ossessionate da sé stesse. Se n'è già parlato prima, alcune volte ci facciamo influenzare dalle opinioni degli altri e si cerca la loro approvazione. Si vive con il pensiero che le persone ci valutavano costantemente e scrutano attentamente ogni parola. La realtà, tuttavia, è che questo non è sempre vero. Le persone sono più coinvolte nella propria vita, nelle sfide e nelle loro preoccupazioni, piuttosto che esaminare un'altra persona. Quindi, quando migliori la tua autostima, costruirai relazioni e interazioni migliori perché non ti preoccuperai così tanto di ciò che la gente pensa di te. Questo ti manterrà rilassato e concentrato sulla costruzione di relazioni migliori.

Devi prendere le decisioni giuste

Se si ha la tendenza a voler compiacere gli altri, piuttosto che fare quello che va fatto, la conseguenza potrebbe essere quella di prendere decisioni sbagliate. Le persone sicure di sé, invece, prendono decisioni che vanno di pari passo con i loro desideri e i loro obiettivi. Sono appassionati di ciò che li spinge e si aspettano che gli altri vedano e credano nei loro sogni e visioni, piuttosto che vivere la vita per compiacere gli altri. Questo aiuterà molto a prendere la giusta decisione.

La fiducia in sé stessi favorisce la produttività

Molti dei punti che abbiamo discusso sopra, si possono tradurre con il fatto che la fiducia in sé stessi aumenta la produttività. Con la fiducia in te stesso, puoi perseguire il tuo sogno, perseguire ciò che desideri con zelo e determinazione e costruire la resilienza. Insieme, questi tratti aiutano a migliorare la tua produttività. Di contro, la mancanza o inadeguata fiducia in sé stessi, ti impedirà di concentrarti sul compito che devi svolgere, e questo andrà contro la tua produttività. Quindi, essere fiduciosi nelle proprie capacità, ti renderà produttivo.

L'importanza dell'amor proprio

Se c'è una lezione importante che bisogna imparare e che bisogna affondare nella propria coscienza, è che sei la persona più importante dell'universo. Non so quanti anni hai vissuto su questo pianeta, ma sei sopravvissuto a tutte le avversità e sei ancora in piedi. Ti sei ribellato contro le maree e contro tutto ciò che la vita ti ha gettato addosso. Se ti confronti all'intero universo, potresti essere solo un altro essere, ma nel tuo mondo sei importante, sei molto importante!

Nel migliorare le tue abilità sociali e sviluppare la fiducia in te stesso, l'importanza di amare te stesso non può essere sottovalutata. È una delle cose migliori che puoi fare per te. La sezione precedente parla della fiducia in sé stessi, ma devi sapere che amare te stesso fa parte della ricetta per svilupparla. Amare te stesso è il segreto per una vita felice e contenta. Quando sei in pace con te stesso, questo si rifletterà sul modo in cui ti comporti e ti relazioni con gli altri e sulle tue abilità sociali. C'è così tanto nell'amarsi che è la chiave per una vita spensierata, una vita priva di preoccupazioni e paragoni malsani che potrebbero abbattere la tua fiducia e le tue abilità sociali. Ciò non sorprende, poiché l'uomo per natura, è programmato per essere il suo più grande critico.

Tendiamo ad essere più duri con noi stessi che con gli altri. Con il tempo, mentre questa ostilità per noi stessi progredisce, penetra profondamente in varie parti della nostra vita. Questo atteggiamento abbassa gradualmente il nostro livello di fiducia, ruba la nostra autostima e il risultato è lampante: scarse abilità sociali. Questo è il motivo per cui amare te stesso è una delle cose più importanti che puoi fare per aumentare la tua autostima e, a sua volta, migliorare le tue abilità sociali.

Ora ecco la domanda: come puoi amare te stesso? Ci sono molte cose che puoi fare per sviluppare l'amor proprio, di seguito ne abbiamo selezionate alcune che puoi applicare per vedere un miglioramento significativo nella tua vita.

Avere tempo per te stesso

Per avere tempo per te stesso, intendiamo avere tempo per fare ciò che ami. Potrebbero essere alcuni giorni separati in un mese o poche ore in un giorno. Questo è uno dei modi migliori per sviluppare l'amor proprio. Potrebbe significare andare al cinema, uscire da solo o in compagnia, coltivare un giardino, provare qualcosa di nuovo. L'idea è di trascorrere del tempo e mettersi a proprio agio con sé stessi per sviluppare le proprie abilità sociali.

Concediti una pausa

A volte è naturale per noi essere duri con noi stessi. Abbiamo fissato alcuni standard irrealistici per noi stessi, standard che invece non usiamo per gli altri. Essere troppo duro con te stesso per i tuoi errori può avere alcuni effetti psicologici negativi su di te. Ciò influenzerà la tua autostima e la tua capacità di migliorare le tue abilità sociali. Nessuno è perfetto, quindi, a volte commetteremo degli errori. Quando lo fai, impara dai tuoi errori, rialzati e vai avanti.

Dire di no agli altri senza sentirsi in colpa

Una delle cose che distingue le persone sicure di sé, è la capacità di vivere la propria vita senza preoccuparsi troppo dell'approvazione degli altri. Piacere agli altri non è nel loro dizionario, a differenza delle persone a cui manca l'amore per sé stessi. La capacità di dire rispettosamente di no agli altri, quando necessario, è essenziale per promuovere l'amor proprio.

Tieni un elenco dei tuoi risultati

Non si tratta di essere orgogliosi, si tratta di avere orgoglio in te stesso e nelle tue capacità di far accadere le cose come desideri. A volte, la motivazione di cui hai bisogno per andare avanti viene trovata all'interno. In altre parole, guardare indietro a quanto lontano sei arrivato, può riaccendere un po' di motivazione in te stesso e nelle tue capacità. La soddisfazione e la speranza di ciò che sei stato in grado di ottenere potrebbero essere la "luce" necessaria per vedere l'enorme potenziale nascosto che c'è in te. Sii orgoglioso di ciò che hai ottenuto e concediti il merito.

Lascia andare il passato oscuro e le ferite

Nessuno è perfetto, e il fatto che tu sia umano ti fa capire che commetterai errori. Alcuni errori sono semplici da dimenticare mentre altri persistono. Il peso di questi errori del passato potrebbe trattenerti e impedirti di vivere la vita al massimo, frenando così i tuoi progressi e influenzando il rapporto che hai con te stesso. Devi renderti conto che tutti hanno un passato discutibile, quindi, devi smetterla di essere duro con te stesso. Questo ti rende solo un essere umano, non una persona cattiva. Con questo in mente, devi lasciare andare il passato oscuro che ti ha trattenuto, per sviluppare invece amore per te stesso.

Stai lontano dalle persone che ti abbattono

In altre parole, abbi coscienza del tuo valore. Gli individui che non aggiungono valore alla tua vita o ignorano il tuo valore, è meglio che restino fuori dalla tua vita. Stare vicino a chi ti abbatte diminuirà la tua autostima e influenzerà le tue abilità sociali. Le persone con cui vale la pena essere amici dovrebbero essere quelle che ti ispirano, ti motivano e ti portano al successo. Dovrebbero sostenerti e farti andare avanti nonostante tutte le eventualità.

Apporta i cambiamenti necessari nella tua vita

L'unica cosa costante nella vita è il cambiamento. Inoltre, tieni presente che non c'è nessuno o niente che possa mantenerti felice per tutta la vita. Se le persone riescono a mantenersi felici per molto tempo, il tasso di divorzio non sarebbe così alto. Il punto qui è che devi sentirti a tuo agio nel fare ciò che non hai fatto prima. L'esperienza che deriva dal provare cose nuove è sufficiente per aiutarti a sviluppare il tipo di amore e motivazione di cui hai bisogno per andare avanti.

Sii grato per quello che hai

Ormai ci siamo resi conto che le cose non andranno sempre a modo nostro. Tuttavia, imparare ad accettare ciò che la vita ti lancia è una delle chiavi per essere felice e contento della tua vita.

Inoltre, molte persone desiderano essere dove sei tu. Anche se potresti non avere voce in capitolo su ciò che la vita ti riserva, hai il controllo del modo in cui reagisci. Quindi, scegliere di essere grato per quello che hai ti aiuterà a sviluppare l'amor proprio.

Capitolo 6

Esercizi che puoi fare per migliorare le tue abilità sociali

Ecco alcuni trucchi ed esercizi molto utili che puoi provare nel tuo tempo libero per aiutarti ad avvicinarti al tuo obiettivo di ottenere un maggiore carisma. Mentre un cambiamento totale di atteggiamento, da negativo a positivo, da insicuro a fiducioso, da avido a grato, richiede tempo e una quantità costante di determinazione ed energia, gli esercizi possono aiutarti a mettere a punto e affinare le tue abilità per brillare davvero quando ne hai più bisogno.

1. Esercizio per costruire un rapporto

Gli esseri umani sono in gran parte esseri guidati dalle emozioni. Pochissimi di noi usano la logica. Quando trasmetti carisma e fiducia, non avrai successo se le persone non si fidano di te, questa è l'essenza del rapporto.

Fai questo esercizio con qualcuno che ancora non conosci. Questo può sembrare scoraggiante, persino spaventoso, ma non sapranno che è un esercizio, solo tu lo saprai e ti porterà a cercare di costruire un rapporto istantaneo. Se non funziona la prima volta, riprova!

Il significato di autentica connessione è difficile da esprimere a parole, ma è lo stesso modo in cui sappiamo immediatamente se qualcosa è inappropriato o addirittura osceno: è una reazione istintiva, quasi primordiale. Quando provi una connessione genuina con qualcuno, questi sono alcuni dei segni che riscontrerai:

- un sorriso o una risata improvvisi e genuini
- la condivisione di un fatto, un sentimento o una storia personale
- l'altra persona che abbassa la guardia

Quando sei colto in un momento con qualcuno, e per colto intendo che sei con qualcuno nello stesso momento per coincidenza, come in una fila alla cassa in un negozio, in un ascensore, in attesa in un aeroporto o sui mezzi pubblici, cerca di fare una breve conversazione con loro. Puoi chiedere loro come sta andando il loro turno, come va in generale o cosa pensano di un prodotto che stai acquistando.

In una situazione come in un ascensore, la scelta di una domanda o un argomento non invasivo è importante, soprattutto se sei maschio e l'unica altra persona è una donna. Ai fini di questo esercizio, in quella situazione, è meglio aspettare un'altra opportunità, poiché le donne sono spesso in guardia nei confronti di uomini che non conoscono, per ovvie ragioni. Non vogliamo che qualcuno abbia paura o disagio per il gusto di un esercizio.

Tuttavia, se la persona con cui stai è ovviamente felice (se sorride, ad esempio) puoi chiedere loro: "Qual è il tuo segreto per essere di ottimo umore?" Assicurati di sorridere anche tu in modo da non essere accidentalmente frainteso come sarcastico. Cerca qualche componente della loro risposta che ti aiuti a creare una conversazione. Diciamo, ad esempio, che rispondano: "Mi piace essere allegro. Mia madre mi ha cresciuto per guardare sempre il lato positivo", puoi dire: "Questo è un buon modo di guardare la vita". Se la conversazione continua perché hanno condiviso qualcosa di personale come questo, allora sai di aver ottenuto una vittoria nell'esercizio. In funzione della risposta, comunque, capirai se è disposto a conversare oppure no.

2. Esercizi per ridurre istantaneamente lo stress

Potresti chiedere: Perché devo ridurre lo stress, nel bel mezzo di un libro sul miglioramento del carisma? Il ragionamento alla base di questo è che tutti noi portiamo stress, visibilmente, nel nostro corpo, nei nostri volti e nei nostri occhi. Altre persone possono percepirlo da un miglio di distanza, e mentre la felicità è contagiosa, lo sono anche l'ansia e lo stress. Potremmo anche non renderci conto che stiamo trattenendo lo stress, è naturale. Tuttavia, se impariamo trucchi istantanei per lasciarlo andare, possiamo allontanare lo stress dal nostro corpo prima di entrare ad una festa, un appuntamento, un incontro o un colloquio.

Per calmare lo stress, il respiro è straordinariamente potente. Ne abbiamo bisogno per vivere e respiriamo migliaia di volte al giorno senza concentrarci su di essa o controllarla. Quando scegliamo di controllarlo, tuttavia, il respiro può essere uno strumento efficace da utilizzare per calmare la mente e rilassare il corpo. Pensa a quando sei dal dottore per un semplice controllo e ti chiede di respirare in modo che possa ascoltare il tuo battito cardiaco. A meno che non ci sentiamo male o di cattivo umore, questo momento ci calma quasi istantaneamente, giusto?

In casa, nella tua macchina, nell'ascensore, nell'atrio dell'edificio, ovunque tu possa fare una serie di respiri lenti e profondi, inspira attraverso il naso, profondamente, gonfiando prima lo stomaco e poi il torace, così da usare il diaframma, ed espira attraverso la bocca in maniera inversa, svuotando prima il torace e poi lo stomaco. Trattieni il respiro per qualche secondo. Immagina l'aria fresca che hai appena preso, che ti circonda e si aggrappa allo stress nel tuo corpo, quindi quando espiri attraverso la bocca, immagina lo stress che lascia il tuo corpo, per non tornare mai più. Fallo più volte e sentirai allontanare lo stress da tutto il tuo corpo.

Esercizio facciale: i nostri volti possono essere esausti, soprattutto quando abbiamo a che fare con altre persone tutto il giorno. Rinfresca i muscoli facciali prendendoti un momento in privato (puoi farlo davanti allo specchio del bagno al lavoro o in un ristorante se non sei a casa) e spostando la tua faccia in più posizioni diverse. Sembrerà molto sciocco quando lo fai, ma funziona! Gli attori spesso lo fanno prima che il regista inizi a girare una scena, solo per "resettare" il loro viso e fornire espressioni facciali credibili.

3. Lo spostamento focale istantaneo

Quando entri in una stanza in cui ci sono delle persone, è bene spostare immediatamente il tuo punto di attenzione verso gli altri perché le persone notano quando qualcuno sta prestando loro attenzione e rispondono positivamente a questo. Questo è qualcosa che molti di noi non riescono a considerare quando entrano in un contesto simile. Ci concentriamo principalmente su a) arrivarci, b) trovare un posto dove sedersi e c) raccogliere i nostri pensieri. Per fare un'ottima impressione, devi riunire i tuoi pensieri prima di entrare, poi, quando varchi la porta, guarda tutti nella stanza e prova a sorridere sinceramente. Una volta che hai riconosciuto tutti, è allora che puoi cercare un posto, che di solito, qualcuno ti indicherà, e questa sarà una grande opportunità per iniziare le cose con un "Grazie".

Focalizzare la tua attenzione su altre persone invece che su te stesso ha l'ulteriore vantaggio di allontanare la tua mente da qualsiasi nervosismo, insicurezza o cattive abitudini che potresti avere, infatti quando smetti di concentrarti su te stesso, è più facile proiettare fiducia, piuttosto che trasudare ansia.

4. Prova una posa potente

Uno dei modi più veloci per hackerare il cervello umano e provocare una ripresa interiore di fiducia è attraverso il linguaggio del corpo. Un professore di Harvard ha condotto uno studio in cui ai volontari è stato chiesto di assumere pose di sicurezza e pose di insicurezza. Quando i volontari hanno posato con sicurezza, i loro livelli di cortisolo, l'ormone prodotto durante i periodi di stress, sono diminuiti e i loro livelli di testosterone sono aumentati. Le pose insicure hanno avuto l'effetto opposto.

Vuoi un aumento istantaneo della tua fiducia? Ecco alcune pose fisiche da fare per aumentare istantaneamente la fiducia chimica nel tuo cervello:

- Alla scrivania, appoggiarsi comodamente allo schienale della sedia con i piedi distesi, quindi incrociare le mani dietro la testa.

• Stare di fronte a un tavolo e piegarsi in avanti per appoggiare il peso sulle mani tenendo i palmi sulla superficie del tavolo.

• Stare in piedi, i piedi divaricati, con le mani sui fianchi.

• Siediti sulla sedia e poi appoggiati allo schienale. Incrocia una gamba sul ginocchio dell'altra, appoggiando la caviglia sul ginocchio. Di nuovo, le mani sono tenute dietro la testa, incrociate e la cullano.

• Siediti sulla sedia con le gambe divaricate e appoggia il braccio sullo schienale di una sedia vuota accanto a te.

5. Chiedi a un amico di diventare il tuo partner di carisma

Molti di noi sono titubanti, addirittura detestano chiedere aiuto quando si tratta di sentimenti ed emozioni. La fiducia è un sentimento, e all'inizio, quando stai solo imparando a diventare più carismatico, perdere la fiducia può essere tanto facile quanto acquisirla. Ripetiamo, non dovrebbe esserci vergogna in questo. La vergogna è un'emozione inutile e non farà che trattenerti. Chiedendo aiuto, stai dimostrando che sei una persona forte che sa quando ha bisogno di assistenza. Le persone forti risolvono i problemi, le persone più deboli ignorano i loro problemi a causa del loro ego o del loro orgoglio.

Quando la tua fiducia sta diminuendo, contatta un amico fidato per chiedere aiuto. Gli studi dimostrano che le persone che ricevono una spinta da amici o coetanei, godono di effetti curativi a lungo termine da tale connessione, che a sua volta aumenta la loro fiducia generale. Al contrario, potrai essere la sua ancora di salvezza quando sarà il tuo amico ad avere bisogno di aiuto.

6. Usa la musica per tirarti su

La musica è uno strumento incredibilmente potente quando vogliamo dare una spinta al nostro cervello. La musica può aiutare la giornata lavorativa a passare più velocemente, può aiutare un viaggio a diventare più memorabile, può metterci in contatto in grandi gruppi e ci permette di attingere alle nostre emozioni più profonde. Ascoltando una canzone ad alta energia, i tuoi livelli di serotonina ed endorfina aumenteranno naturalmente, la tua tensione diminuirà e la tua sicurezza salirà alle stelle. Gli studi hanno scoperto che le canzoni con una linea di basso più pesante funzionano meglio per stimolarci, pensa per esempio agli inni rock o alle canzoni da ballo da stadio. Crea una breve playlist che possa diventare un punto di riferimento nei giorni in cui hai bisogno di questo tipo di aiuto.

7. Adotta un "alter ego"

All'inizio, potresti pensare, aspetta, sul serio? Fingere di essere qualcuno che non sono? Più o meno, ma in realtà stiamo parlando di essere una versione diversa di te. Celebrità, artisti e persino artisti marziali misti e lottatori professionisti lo fanno. Va bene avere lati diversi di te stesso, questo è molto naturale. Quindi considera di coltivare la versione "grande energia" di te stesso quando hai bisogno di una fiducia in te stesso.

Uno dei modi più semplici per praticare questo cambiamento di energia è immaginare un personaggio carismatico, potente e presente, quindi essere quel personaggio durante la tua prossima telefonata relativa al lavoro, per esempio. Chiediti cosa sceglierebbe di fare questo personaggio, come agirebbe e cosa direbbe? Dopo un po', svilupperai e utilizzerai il tuo set di abilità basato sul Carisma, ma interpretare un ruolo nel frattempo può aiutarti ad adottare alcune delle tecniche e dello stile del tuo alter ego.

8. Rifiuta di consentire un'immagine di sé meno che eccezionale

Questo è un problema così ampiamente trascurato che spesso è l'ultima cosa a cui pensiamo, anche se dovrebbe essere la nostra priorità! Qual è l'immagine che hai di te stesso? Quando esci di casa per vivere la tua giornata, ti senti un po' un impostore? Se il tuo guscio esterno non corrisponde al tuo nucleo interno, si noterà. Vogliamo apparire presenti, autentici, caldi e reali. Come possiamo farlo se invece la nostra immagine di sé è spaventata, indisposta, insicura e distorta?

Prenditi del tempo per guardarti dentro. Sii onesto su ciò che vedi. Ti senti bene con l'immagine di te che stai immaginando? In caso contrario, è il momento di fare alcuni passi:

- Quando ti immagini, immagina prima il tuo corpo. Questo può essere scomodo per quelli di noi con problemi legati al corpo, come il nostro peso, il nostro fisico, la nostra altezza o un'area specifica del corpo. Quindi, immagina se un artista grafico usasse Photoshop per farti sembrare migliore. Vedi quell'immagine migliorata nella tua mente. Ora, ogni volta che immagini come appari, guarda quell'immagine migliorata e presto la emanerai e la proietterai. È così che ti vedranno gli altri.
- Al di là della tua persona fisica, come vedi il tuo atteggiamento, il tuo potere personale e la tua energia? Se non sei soddisfatto, puoi

migliorare anche quello, usando la tua mente per ridisegnare quella persona che vedi. Immagina di essere fiducioso, vincente e carismatico con gli altri. Rifiuta di vedere l'immagine precedente, la nuova immagine è la tua realtà.

• Elimina i pensieri negativi dalla tua testa. Questo è importante! Ne abbiamo discusso in precedenza, ma è essenziale per quella migliore immagine di sé che segui. Nell'istante in cui un pensiero negativo si fa strada nella tua testa, eliminalo! Non lasciarlo indugiare per un minuto. Non hai il tempo o l'energia per farlo. Pensa sempre... pensieri positivi! Un esempio: molti di noi hanno reazioni istantanee a problemi frustranti, del tipo, "Questo è troppo difficile" e "Non posso" o "Questa è una brutta giornata". Sono tutti pensieri controproducenti, ti renderanno letteralmente la situazione più difficile. Definire un giorno come "cattivo" assicurerà che sia brutto veramente. Perché accontentarsi di questo quando hai il potere di cambiare le cose con semplici pensieri e parole? Invece di "Questo è troppo difficile", dì "Ho questo" o "Posso farlo", quindi concediti il tempo necessario per pensarci bene, provare approcci diversi e portarlo a termine, e non avere mai paura di chiedere aiuto. Piuttosto che dire "Non posso", dì "Troverò un modo". Invece di dire "Questa è una brutta giornata", concediti il permesso di dire "Questa è una giornata impegnativa" e valuta la possibilità di ammettere che probabilmente imparerai molto da questa giornata.

• Scopri chi sei. Se non conosci te stesso, sarai mal equipaggiato per sconfiggere le tue cattive abitudini e pensieri. Conoscere noi stessi significa imparare sia il bene che il male. Una volta fatto, possiamo utilizzare la nostra forza e saggezza per cambiare quel male in bene.

• Sii una persona d'azione. Agire in modo positivo attiverà tutte le altre aree di te stesso e farà sì che anche loro siano positive. La positività è essenziale per il successo quando si tratta di carisma e fiducia. Le persone diventano ciò che scelgono di essere. Le tue scelte costruiscono il tuo futuro, giorno dopo giorno. Se scegli di vivere positivamente, diventerai più positivo, è semplice.

• Scegli di essere gentile e generoso. Potresti pensare che sia un po' stupido, ma gli studi dimostrano che quando le persone scelgono di essere gentili, diventano più potenti. Un atto gentile fornisce un'ondata istantanea di empatia e presenza, che a sua volta attiva il nostro carisma. Essere generosi attinge ai tuoi sentimenti riguardo all'abbondanza e alla gratitudine. Scegli di agire con gentilezza e generosità quando puoi, presto sarai rapito dai sentimenti e dai feedback positivi che derivano dal vivere in questo modo.

• Diventa uno studente per tutta la vita. Prenditi del tempo ogni giorno per mettere in pratica qualcosa in cui vuoi essere competente, studia le cose che vuoi conservare. Quando aumenti il tuo livello di competenze, si trasferirà naturalmente nella tua sicurezza.

• Rallenta il tuo discorso. Non troppo lento, ma nemmeno veloce. Le persone che parlano troppo velocemente lo fanno perché hanno paura di finire il tempo, o l'attenzione dell'altra persona, o entrambi. Quando parli con uno scopo, attiri l'attenzione. Non in modo energico, ma in un modo che mostra che stai parlando da un luogo di forza e convinzione interiore.

• Costruisci la tua fiducia stabilendo obiettivi piccoli e realistici, per poi raggiungerli. In questo modo, stai dimostrando a te stesso che sei capace di ottenere risultati.

• Sbarazzarsi delle cattive abitudini, una alla volta. Riconoscere le tue cattive abitudini, cominciando da quelle piccole, ti darà la sicurezza di cui hai bisogno per affrontare abitudini più grandi che devono cambiare. Prova a svegliarti qualche minuto prima ogni giorno o camminare altri 15 minuti quando esci per fare esercizio. Insomma, comincia dalle piccole cose.

• Sii una persona basata sulla soluzione. Se il tuo punto di vista tende a stagnarsi sui problemi, cioè, vedi qual è il problema, lo descrivi e ti fermi qui, allora è il momento di spostare l'attenzione e diventare la persona che ha un'idea di come risolvere il problema. Non lasciare che la frase termini con il problema, invece dì "Possiamo vedere che questo è il problema e penso che fare (a, b, o c) sia un modo in cui possiamo provare a risolverlo". Quando si tratta di questioni personali, prendi pensieri negativi come "Procrastino sempre" e girali dicendo "Come posso imparare a smettere di rimandare le cose?" Quindi concentrati sulla soluzione.

• Scegli di fare volontariato in qualche modo. Questo risale all'essere generosi e gentili, ma fa un ulteriore passo avanti in quanto sarai circondato da persone che non ti sono familiari (all'inizio). Questo unisce l'importanza della generosità con l'opportunità di mettere in pratica le tue abilità di carisma.

9. Diventa un comunicatore intuitivo

Quando qualcuno ti parla, ci sono tecniche importanti che dovresti usare. Primo, non cercare mai di anticipare le loro parole o finire le loro frasi. Anche se sai dove sta andando il loro discorso, lascia che parlino, questa è la loro storia da raccontare e, dandogli spazio, stai mostrando loro rispetto. Sii presente mentre ascolti. Ricorda, il carisma richiede lavoro ed essere un buon ascoltatore richiede un investimento di tempo e pazienza. Quando la persona ha finito, aspetta un momento prima di rispondere. Può essere utile chiedere loro di chiarire le domande o ripetere alcune cose che hanno affermato, aggiungendo un "è corretto?" per assicurarsi che sappiano che li hai ascoltati. Se rispondi immediatamente dopo che hanno smesso di parlare, sapranno che non stavi davvero ascoltando, ma che invece stavi solo aspettando il tuo turno per parlare, che è l'opposto di essere empatico e carismatico, oltre che irrispettoso.

10. Lavora sul tuo corpo e ottieni una mente più felice

Questo può sembrare ovvio, ma molte persone non riescono a rendersi conto dell'impatto immediato che qualsiasi tipo di attività fisica ha sulla mente e sui livelli ormonali positivi nel cervello. Spesso ignoriamo il nostro corpo durante la giornata lavorativa e siamo troppo stanchi per fare qualcosa di fisico una volta tornati a casa. Se lavori per 40 minuti, se puoi, fai una pausa di 5 minuti per allungare o sollevare pesi liberi in piedi vicino alla scrivania, in una giornata di 8 ore avrai completato un allenamento di dimensioni adeguate. Se non puoi durante il lavoro, cerca di fare un po' di attività fisica una volta tornato a casa, anche semplici esercizi che puoi trovare facilmente in internet, oppure segui di seguire delle lezioni via web (ce ne sono una miriade). Il movimento, l'esercizio di rafforzamento, le attività cardiovascolari e gli esercizi di tonificazione servono tutti a sostenere il nostro programma di costruzione del carisma di pensiero positivo, migliore postura, forza interiore e gratitudine. Non ignorare il tuo corpo se vuoi coltivare una mente più sicura.

11. Rifiutati di impegnarti in una conversazione negativa

Uno dei modi più semplici per far parlare le persone è lamentarsi di qualcosa, tuttavia, noterai che se lo fai, le uniche persone di cui hai catturato l'attenzione sono le persone negative. È troppo facile quindi non caderci, basterà rifiutare di iniziare le conversazioni sottolineando l'aspetto negativo di qualcosa.

12. L'importanza dei confini

Quando ci si sposta nel mondo sociale e degli affari, è essenziale conoscere i propri confini personali de essere pronti a difenderli. Essere carismatici non significa essere un pazzoide. C'è una linea sottile per camminare tra fascino e accondiscendenza. Una persona sicura di sé non se ne sta a guardare mentre qualcun altro calpesta il proprio spazio personale, gli ideali, l'etica, i valori e il rispetto di sé. Se hai un'attività in proprio o hai appena ottenuto una nuova promozione, potresti essere tentato di rinunciare al tempo dedicato a te stesso e tuffarti a capofitto. Il problema è che sei sulla buona strada verso l'esaurimento. Devi imparare a delegare, devi anche dire di no, in modo sicuro e non minaccioso. Offri una soluzione alternativa che sia nel migliore interesse di tutti.

13. Non vivere per la convalida di altri

È importante guadagnarsi il rispetto delle altre persone, ma alla fine della giornata, nulla di ciò che fai dovrebbe essere esclusivamente allo scopo di accontentare gli altri. Devi promuovere il rispetto di te stesso e un senso di realizzazione. Quelle cose vengono da dentro, non dalle parole di altre persone.

14. Non aver paura di appassionarti

Appassionarsi a qualcosa accende un fuoco dentro di te che gli altri possono vedere e ammirare. Non aver paura di mostrare a te stesso ciò che ti eccita e ti motiva veramente nella vita. Nascondersi crea l'effetto opposto dell'essere carismatici.

15. Sii fedele a te stesso

Infine, tutto ciò che fai dovrebbe contenere un riflesso di chi sei come persona. Ci sono sempre più scelte e opportunità. Non vivere la tua vita inseguendo il sogno di qualcun altro, coltiva i tuoi obiettivi, i tuoi sogni, e poi inseguili. Nessuno ha il diritto di dire a qualcun altro come dovrebbe vivere la propria vita. La vita è un viaggio emozionante, esci ed esplora ciò che ti incuriosisce di più.

Capitolo 7

In che modo le interazioni sociali possono influire sulla creazione di nuove amicizie

Non importa chi siano i tuoi amici, devi per loro, essere un amico che ha grandi cose da offrire. Come probabilmente avrai già avuto esperienza in prima persona, essere amico di qualcuno che non ti stima o che non si prende il tempo di condividere delle cose con te, ti farà sembrerà di essere coinvolto con qualcuno che è egoista. Le amicizie tossiche sono pericolose e sconvolgenti, quindi anche tu, non essere quel tipo di amico. Sappi che le amicizie richiedono lavoro e impegno per essere mantenute. Non puoi aspettarti di fare un mucchio di nuovi amici e tenerli tutti senza fare nulla in cambio. Devi essere lì per loro e mostrare che ci tieni a quello che sta succedendo nelle loro vite.

Se vuoi assicurarti di essere il miglior amico possibile, considera questi suggerimenti su come mantenere attive le tue amicizie:

- Trascorri del tempo insieme durante un fine settimana: quando sei in grado di uscire con qualcuno in un giorno che non è pieno di obblighi, avrai la possibilità di fare più cose. La domenica mattina è normalmente un ottimo momento da trascorrere con le persone. Sono rilassati e aperti a molte possibilità. Assicurati di non avere altri piani che ti ridurranno il tempo da trascorrere con questa persona. Fate colazione insieme e restate tutto il tempo che volete entrambi. Da qui puoi decidere cosa fare dopo. Sii spontaneo! Considera gli interessi che avete, in modo da poter intraprendere un'attività divertente che piacerà a entrambi.

- Sentiti a tuo agio con il silenzio: nelle amicizie, specialmente in quelle consolidate, non dovresti aspettarti che ogni singolo momento sia pieno di conversazioni. Impara ad accettare il silenzio come un tesoro. Mettiti a tuo agio in questi momenti e non sentire di doverli riempire solo per il gusto di riempirli. Coloro che si sentono a proprio agio l'uno con l'altro, in generale, non hanno bisogno di conversazioni di riempimento per mantenere questo comfort. Potrebbe volerci del tempo per raggiungere questo punto con le tue varie amicizie, ma sappi che accettare il silenzio non è una cosa negativa. Può fornirti momenti di riflessione che possono essere ottimi per l'amicizia. Potresti realizzare che ti piace passare questo tempo l'uno con l'altro.

- Confidati quando ne hai bisogno: divertirti in un'amicizia è una bella sensazione, ma anche poter contare su qualcuno quando sei infelice, può essere altrettanto bello. Che tu abbia bisogno di supporto emotivo o fisico, dovresti essere in grado di contattare i tuoi amici quando ne hai bisogno. Questo tipo di sistema di supporto reciproco è ciò che porterà la tua amicizia al livello successivo. Può essere facile pensare a cose divertenti da fare, ma aiutarsi a vicenda in tempi difficili diventerà ancora più un'esperienza di apprendimento.

- Prenditi del tempo per loro: potresti avere una giornata impegnativa davanti a te, ma quando il tuo amico ti chiede se puoi essere lì per loro, dovresti fare del tuo meglio per esserci. Fallo perché tieni a queste persone e l'azione dovrebbe provenire dal cuore. Non far sentire mai in colpa i tuoi amici per il tempo che decidi di riservare loro. Sono importanti e degni di sostegno quanto te. Anche se ti sembra che non stia accadendo nulla di terribile, essere lì per i tuoi amici, in generale, mostrerà che sei impegnato nell'amicizia. Tutto ciò per cui dedichi tempo è qualcosa che consideri importante, e può significare molto, quando gli altri lo vedono.

- Condividi le tue idee: i tuoi amici possono aiutarti a sviluppare le tue idee. Quando sei in grado di fare brainstorming con loro, si sviluppa un modo di pensare creativo. Questa creatività può portarti lontano, aprendo la tua mente a nuove idee o ispirandoti a cercare nuove opportunità. Non è un segreto che le amicizie possono aiutarti a crescere, ed è segno di una grande amicizia quando sei in grado di discutere idee con loro. Anche se il tuo amico sta semplicemente ascoltando, questo potrebbe essere l'esatto impulso di fiducia di cui hai bisogno per continuare a inseguire i tuoi obiettivi.

- Crea aggregazione: lavorare insieme per creare qualcosa può essere un ottimo modo per costruire la tua amicizia. Anche se non è necessario diventare partner commerciali, anche creare insieme un'opera d'arte può essere un modo per legare. Il processo di creazione è divertente ed emozionante. Diventa ancora più interessante quando lo condividi con qualcuno con cui ti piace passare il tempo. Non solo è divertente, ma può aiutarti a crescere individualmente.

- Presta attenzione ai dettagli: quando incontri qualcuno per la prima volta, probabilmente non conoscerai ogni singolo dettaglio su di loro. Questa parte arriva dopo un po' di tempo che ci si conosce. L'attenzione ai dettagli è un grande tratto da esprimere all'interno di un'amicizia. Dal ricordare i compleanni dei tuoi amici ai loro colori preferiti, sarai in grado di mostrare loro quanto ci tieni dedicando del tempo a memorizzare questi dettagli. Non considerare nessun dettaglio troppo grande o troppo piccolo, sappi che sono tutti ugualmente importanti. Questi dettagli sono ciò che rende i tuoi amici ciò che sono.

- Fai un viaggio insieme: andare in vacanza con il tuo amico è un modo divertente per legare. Anche se una vacanza "lunga" potrebbe non essere realistica per il tuo tempo e il tuo budget, puoi comunque trovare modi per viaggiare insieme. Fare un semplice viaggio in macchina insieme in una città vicina, anche di una giornata, può rivelarsi divertente tanto quanto un'intera vacanza. Quando esplorate insieme un nuovo posto, sarete entrambi allo stesso punto di partenza. Dal decidere quale strada prendere al dove fermarsi per mangiare, dovrai condividere assieme al tuo amico queste decisioni. Questo è un modo significativo per trascorrere del tempo l'uno con l'altro.

- Condividi il tuo passato: forse i tuoi amici non erano presenti nel tuo passato, ma ciò non significa che devi tenerli lontani da questo. Condividere il tuo passato è un modo per mostrare ai tuoi amici quanto ti fidi di loro. Il tuo passato ha molto a che fare con la persona che sei diventato oggi. Fornisce alle persone una comprensione più profonda del perché sei come sei. Se hai voglia di condividerlo con un amico, questa è una grande cosa, rafforzerà il tuo legame e consentirà una migliore comprensione di chi sei.

Queste idee hanno il solo scopo di farti iniziare a rafforzare le tue amicizie. Le idee migliori vengono dal cuore. Conosci meglio i tuoi amici, quindi assicurati di pensare a modi diversi di trascorrere del tempo insieme che andranno a beneficio delle cose che a entrambi piace fare. La semplice idea di provare qualcosa di nuovo insieme può essere sufficiente per ricostituire l'amicizia. Poiché impiegherai tempo e sforzi per provare questa nuova cosa, il tuo amico vedrà quanto sei impegnato nell'amicizia.

La parte migliore dell'amicizia è che non ci sono regole! Finché vi trattate a vicenda con gentilezza e rispetto, non c'è nulla che dovrai fare per dimostrare di essere un grande amico, avverrà tutto spontaneamente. Ciò che conta di più è che entrambi vi sentiate soddisfatti all'interno dell'amicizia. Se arriva un punto in cui non senti di essere pienamente apprezzato, parlane. Il tuo amico non si renderà sempre conto che ti senti in questo modo, quindi è meglio parlare di come ti senti ed essere onesto al riguardo, invece di trattenere questi sentimenti in modo passivo-aggressivo. Non dare per scontato che il tuo amico possa leggere la tua mente. È all'interno di questa eccellente comunicazione che sarete in grado di elaborare qualsiasi cosa insieme.

Sappi che alcune persone richiedono tipi di amicizie “diverse”. Tradizionalmente, un'amicizia implica parlarsi spesso e trovare il tempo per vedersi di persona ogni volta che è possibile. Alcune persone vogliono quelle che sono note come "amicizie a bassa manutenzione". Questi sono i tipi di amicizie in cui non parli o esci così spesso, ma mantieni comunque un'amicizia di successo. Proprio come le tue abilità sociali, alcune persone vorranno l'amicizia solo a piccole dosi. Va bene, purché entrambe le parti siano felici e comprendano la dinamica.

Attento a quelle amicizie che ti svuotano. L'opposto della bassa manutenzione, è avere un amico che chiede di vederti tutto il tempo e vuole parlare 24 ore su 24, 7 giorni su 7. Questo può diventare una situazione fastidiosa da gestire nella tua vita. Anche se è bello pensare che il tuo amico ti apprezza così tanto, può effettivamente diventare un ostacolo per te, se poi inizia a "lamentarsi" per il tempo che non puoi dedicargli. Presta attenzione a questo tipo di amicizie perché potrebbero rivelarsi, nel tempo, un'esperienza negativa.

Come essere te stesso

È facile perdersi nelle abitudini e nei modi di fare degli altri. Anche se senti che potresti avere il potere della socializzazione e dell'amicizia, sappi che rimanere fedele a quello che sei è sempre molto importante. Non permettere alle opinioni degli altri di prendere completamente il sopravvento sulla tua morale e sui tuoi valori. Più tempo passi con qualcuno, più è probabile che capirai i suoi comportamenti, questo è qualcosa che accade naturalmente nelle amicizie ma, sei ancora te, non importa quanti amici acquisirai lungo la strada. Ricorda, il tuo vero sé è ciò che ti ha portato questi amici. Se ti trasformi semplicemente in qualcun altro, le persone potrebbero iniziare a perdere la versione originale di te che hanno conosciuto.

Trascorrere del tempo a lavorare su te stesso ti renderà un amico migliore. Ora che hai la capacità di fare amicizia e costruire connessioni, passare del tempo da solo è probabilmente l'ultima cosa che vorrai. Sappi che questo andrà a beneficio di tutte le tue amicizie e delle interazioni future. Controlla regolarmente te stesso e chiediti se sei la versione migliore di te che puoi avere. Ami ancora la persona che sei? Se la risposta è no, allora qualcosa deve cambiare.

Se smetti di amare te stesso, potresti proiettare queste insicurezze sui tuoi amici, facendoli sentire involontariamente in colpa. Sappi che puoi essere felice da solo, quanto puoi esserlo con un amico. Esci con te stesso e conosci te stesso come faresti con un'altra persona. Sebbene queste situazioni non debbano accadere sempre, è comunque una buona idea farlo occasionalmente in modo da sapere per certo che ami ancora te stesso e la persona che stai diventando.

Prenditi il tempo per reinventarti, se devi. Fai qualcosa di nuovo che non conosci. Quando avrai più amici, probabilmente avrai più fiducia. Sappi che puoi ancora trovare modi per sfidare te stesso, che saranno diversi da quelli che utilizzavi prima. Mettiti in situazioni in cui non senti di sapere esattamente cosa succederà. Questo è un ottimo modo per coglierti alla sprovvista e per osservare davvero come reagisci alle nuove situazioni. Probabilmente scoprirai che ci sono molti più interessi che potresti voler esplorare.

Quando non ti senti te stesso, apriti ai tuoi amici. Potrebbero essere in grado di ricordarti il perché sei per loro una grande persona. È comune perdere di vista noi stessi nel tempo. Questo è qualcosa di naturale che quasi tutti devono sperimentare. Può succedere molto nella socializzazione, a causa della pressione a trasformarsi in qualcuno che è apprezzato dalle masse. Comprendi che non tutti devono piacere a te. Non c'è alcun obbligo di compiacere il mondo. Finché sei felice e tratti bene i tuoi amici, sentiti orgoglioso di chi sei.

Capitolo 8

Incontro con le persone

Presentazione di sé e delle altre persone

Quando le persone imparano a presentare sé stesse e gli altri in situazioni informali e formali, il loro livello di fiducia tende a raggiungere nuove vette. Le capacità di incontrare persone e fare presentazioni sono le basi per riunire le persone. Le persone che hanno padroneggiato queste abilità automaticamente e inconsciamente svolgono le veci di "padrone di casa" ovunque vadano, il che può essere piuttosto interessante da guardare.

Le persone interagiscono con livelli sociali diversi. Molti socializzano con colleghi, vicini di casa, familiari e così via. Nella maggior parte dei casi, le persone tengono separati i loro diversi circoli sociali, involontariamente o intenzionalmente. Tuttavia, ci sono molte situazioni in cui quei gruppi di persone si incontrano, ad esempio, a feste, funerali, matrimoni e così via. Quando ciò accade, potrebbe essere necessario fare numerose presentazioni, di seguito alcune casistiche.

Autopresentazione e presentazione degli altri

Le persone sono destinate a incontrare qualcuno che non conoscono, non importa dove vadano. In una grande riunione, festa o evento formale, tutti dovrebbero sfruttare al massimo questa opportunità presentandosi agli altri, così da fare nuove conoscenze. Se le persone che si stanno presentando sono dello stesso sesso e fascia di età, non importa di chi si pronuncia per primo il nome. Tuttavia, se sono di sesso diverso ma appartengono alla stessa fascia di età, si dovrebbe dire prima il nome della donna. Ad esempio, "Roberta, questo è il mio vicino Andrea. Andrea, questa è Roberta". Invece, se hanno una fascia di età diversa, è importante dire prima il nome della persona più grande. Ad esempio, "Zio Fabio, questo è il mio amico Marco. Marco, questo è mio zio Fabio". Infine, se uno di loro è un VIP, il suo nome dovrebbe venire prima.

Cose da tenere a mente

È importante ricordare che quando si presentano i parenti a persone che non li conoscono, si dovrebbero menzionare i loro nomi completi. Gli amici o i colleghi di un individuo non chiamerebbero i suoi genitori "papà o mamma".

È anche utile aggiungere qualche informazione in più su chi si sta presentando. Ad esempio "Fabio, questa è Elena, lei adora fare le escursioni". Questo dà a Fabio un eccellente argomento di conversazione che Elena sicuramente apprezzerà.

Presentazione formali

Nel lavoro e in altri contesti formali, è importante usare il nome e il cognome quando si presentano le persone. Le presentazioni fatte in contesti formali, come gli eventi aziendali, dovrebbero prendere in considerazione il rango e la posizione. Si dovrebbe prima indicare il nome della persona più anziana. Ad esempio, "Sig. Messina (manager), questo è il nostro nuovo contabile Francesco Sacco".

Quando presenti un benefattore o un cliente speciale, indica prima il suo nome. Ciò si applica anche se la persona a cui si sta presentando occupa una posizione più elevata nel luogo di lavoro di un individuo. Ad esempio, "Sig. Minetti, le presento il professor Roberto Rossi, che è il presidente della nostra azienda". D'altra parte, quando si introducono persone di pari rango nel mondo accademico o aziendale, si dovrebbe iniziare con la persona che si conosce meno bene.

Altre cose da tenere a mente

1. Dopo l'introduzione, continuare sempre a rivolgersi agli altri come Sig. o Sig.ra, a meno che non venga espressamente richiesto di utilizzare il nome.
2. È importante usare il nome e il cognome quando ci si presenta.
3. Durante le cene o in ambienti formali, chi ha organizzato incontra, saluta e presenta persone che non si conoscono. Negli eventi di networking, tuttavia, le persone sono libere di presentarsi.
4. Poiché alcune persone tendono a faticare quando si tratta di ricordare i nomi, potrebbero essere necessarie reintroduzioni.

È importante sfruttare al massimo ogni opportunità di presentazione. Incontrare una nuova persona può essere divertente come aprire un regalo. Una nuova conoscenza può rivelarsi un ottimo cliente, migliore amico o persino il futuro amore di una persona. I vantaggi sono infiniti.

Le presentazioni appropriate aiutano le persone a sentirsi a proprio agio in situazioni sia formali che informali, il che le aiuta ad avere conversazioni più confortevoli. In altre parole, l'obiettivo delle presentazioni è dare alle persone l'opportunità di incontrare qualcuno di nuovo. Conoscere tutte le regole per presentare sé stessi e le altre persone, così come tutti i tipi di presentazioni, dovrebbe essere facile per chiunque. Padroneggiare l'abilità di incontrare persone può aiutare ad avere un bell'aspetto per coloro che si incontrano per la prima volta o che si presentano agli altri.

Connessioni di persone

La connessione delle persone è semplicemente il processo di come gli esseri umani si collegano e formano una profonda comprensione l'uno dell'altro, quando si rendono conto di condividere gli stessi obiettivi e la stessa visione. Le connessioni con le persone migliorano le nostre abilità sociali. Questa abilità aiuta le persone ad evitare di essere ansiose o imbarazzanti nelle configurazioni sociali e a mettersi in gioco. Connettersi con le persone al giorno d'oggi può essere fatto fisicamente (di presenza) o utilizzando la tecnologia. Facendo semplicemente clic su un pulsante, è possibile creare nuove connessioni su diverse piattaforme social. Tuttavia, le connessioni con le persone più importanti e preziose avvengono faccia a faccia.

Come incontrare nuove persone?

Il processo di incontro con nuove persone può iniziare semplicemente, per esempio, parlando con quel collega che solitamente non saluti mai o con il vicino che incontri ogni giorno a spasso con il suo cane.

Partecipare a cose come gallerie d'arte, club del libro, corsi di cucina o recital musicali è un buon modo per incontrare nuove persone. Quando incontri nuove persone, sii aperto a provare cose nuove a cui altrimenti diresti di no. Quando stabilisci le connessioni, mostra sincero interesse.

Come sviluppare la connessione con le persone

Molti di noi sperano di incontrare persone e sviluppare connessioni con loro. Se uno si sente a disagio o timido nel mettersi in gioco, ecco sette modi in cui può migliorare le capacità di connessione con le persone:

- Essere una persona socievole - Molte volte le persone evitano di mettersi in situazioni sociali che le faranno sentire timide, a disagio o ansiose. Per entrare in contatto con gli altri, parlare, interagire e socializzare con persone che non conosci, non lasciare che la timidezza o l'ansia ti trattengano.
- Incoraggiali a parlare di sé stessi - Se a qualcuno manca questa abilità, il modo migliore per iniziare a svilupparla è incoraggiare gli altri a parlare di sé stessi in contesti sociali. Durante la conversazione mostra interesse per la loro carriera, famiglia o eventi attuali, ma evita argomenti controversi come la politica.
- Offri commenti lusinghieri: impara a complimentarti educatamente o lodare le persone che incontri per qualsiasi cosa abbiano fatto o realizzato. Se vuoi vederli esibirsi, lodali per la loro esibizione. Questo di solito è un rompighiaccio quando si iniziano le conversazioni.
- Avere un'etichetta adeguata - La gentilezza e le buone maniere, in generale, aiutano a migliorare le capacità sociali di una persona. Quando

ti rivolgi a nuove persone, assicurati di mantenere una corretta etichetta, in realtà, ancora non sai chi incontrerai.

- Avere un obiettivo - Stabilire un obiettivo per te stesso è un buon modo per sviluppare questa abilità. Se il tuo obiettivo è entrare in contatto con due persone al giorno, sforzati di farlo. Puoi iniziare in piccolo, quindi potrai aumentare il numero quando diventerai più sicuro.
- Sii appassionato del linguaggio del corpo delle persone - si può imparare molto, semplicemente osservando il linguaggio del corpo di un individuo. Cerca di notare se la tua presenza mette qualcuno a suo agio o a disagio e reagisci in modo appropriato. Le persone a disagio molto probabilmente non saranno disposte a sostenere una conversazione molto a lungo.
- Presta attenzione - quando incontri nuove persone, è sempre bene assicurarsi che non ci siano distrazioni che interrompono le conversazioni come un telefono cellulare che continua a ronzare. Fare riferimento alle cose che hanno appena detto, mostra che stavi effettivamente ascoltando e fa venire loro voglia di aprirsi ancora di più.

Come mantenere le connessioni dopo il primo incontro

Dopo essersi connessi con le persone in incontri sociali, la connessione può terminare rapidamente non appena l'evento è finito. Tuttavia, è possibile rafforzarlo attuando piccoli accorgimenti.

- Estendi un invito - Una volta stabiliti interessi comuni, sii tu a rompere il ghiaccio e invitali per il tè o per eventi simili. Offri l'invito al termine della conversazione. Sarai sorpreso di quanti, effettivamente, accetteranno.

- Scambia i biglietti da visita - Se si tratta di una configurazione aziendale, sentiti libero di distribuire il tuo biglietto da visita, nel caso vogliano contattarti, e chiedere cortesemente il loro.
- Partecipa a eventi simili: il modo migliore per incontrare di nuovo qualcuno dopo aver stabilito la prima connessione è partecipare a un altro evento simile a quello in cui ti sei incontrato inizialmente. Se ti sei incontrato in una galleria d'arte, le possibilità di incontrarli in un'altra galleria d'arte sarà piuttosto elevata.

Il vantaggio delle connessioni delle persone

Connettersi con gli altri e migliorare le proprie abilità sociali ha i seguenti vantaggi:

- Sviluppa la fiducia in sé stessi di un individuo - Essere in grado di incontrare, interagire e connettersi con altre persone è un modo sicuro per aumentare la fiducia in sé stessi.
- Aiuta a costruire relazioni - Creare nuove connessioni può aiutare a costruire nuove relazioni e amicizie future. Queste nuove connessioni possono aprire la porta a nuove opportunità di lavoro o affari, nuove amicizie e aiutarti a capire meglio gli altri.
- Migliorare la comunicazione - È probabile che il collegamento con gli altri aiuti a sviluppare migliori capacità di comunicazione. Connettendosi con molte persone, si è in grado di apprendere e sviluppare le proprie capacità di comunicazione.

- Aiuta a diventare più efficienti - Connettendoti con gli altri, impari a capire rapidamente cosa ti piace e cosa non ti piace delle persone, ed eviti le persone che non ti piacciono.

Non tutti in un evento saranno interessati a connettersi con te e viceversa. Tuttavia, l'obiettivo è concentrarti sui tuoi obiettivi e superarli. Evita di soffermarti su eventuali rifiuti e rallegrati le connessioni positive fatte.

Fare amicizia

Fare amicizia è un'abilità sociale che tutti devono praticare nella loro vita. Da giovane era molto più facile fare amicizia che da adulto. Questo è vero perché i bambini non hanno paura di mostrare vulnerabilità. Non si soffermano troppo su ciò che stanno ottenendo dall'amicizia come fanno gli adulti. Gli amici diventano una parte importante della nostra vita. Sono le persone che saranno sempre presenti nei momenti tristi e felici. Tuttavia, esistono diversi tipi di amici:

1. Conoscenti: Queste persone sono quelli che incontri ogni giorno solo perché frequenti la stessa scuola o organizzazione. La tua conversazione con loro è di solito un saluto o chiedere "come stai". Non si incontrano mai da nessun'altra parte.
2. Amici normali: ci si incontra con questi amici ogni tanto e conversazioni con loro riguardano solitamente argomenti regolari.
3. Migliori amici: Sono quelli con i quali le tue conversazioni non si limitano a nulla. Ti fidi l'uno dell'altro e condividi informazioni

molto personali. Anche se potresti non incontrarti spesso, la tua relazione è solida e forte.

La maggior parte delle persone si sforza di stringere amicizie regolari e migliori.

Condizioni per fare nuove amicizie

Le seguenti, sono tre condizioni che consentono alle persone di fare nuove amicizie:

1. Posizione: la posizione e la vicinanza di un individuo possono influenzare la sua capacità di fare nuove amicizie.

2. Ripetere le interazioni: l'apertura di una persona a partecipare a interazioni come la scuola o la chiesa, può influenzare la sua capacità di fare amicizia.

3. Apertura mentale: la capacità di un individuo di mettersi in gioco può influenzare la frequenza con cui si connette con gli altri

Suggerimenti per fare nuove amicizie

Fare amicizia può sembrare un compito facile, ma molte persone hanno difficoltà. Ecco alcuni suggerimenti su come fare:

- Mettiti in gioco - Per incontrare nuove persone e migliorare le tue abilità sociali, sii aperto a partecipare a feste, seminari, club e qualsiasi altra organizzazione sociale in cui le persone si riuniscono per svolgere varie attività. Questi incontri offrono un ottimo modo per incontrare rapidamente le persone.

- Fai la prima mossa - Il modo in cui ti senti intimidito quando ti avvicini a persone che non conosci è lo stesso modo in cui si sentono gli altri. Fai il primo passo, saluta e fai conoscenza.
- Conosci le persone - Condividi qualcosa di te stesso e dai anche all'altra persona l'opportunità di condividerlo. L'amicizia è una strada a doppio senso. Avvia conversazioni su cose accadute di recente.
- Avere una mente aperta - Le persone sono esseri diversi. Potresti trovare persone che condividono interessi comuni con te e, quando li frequenti, finisci per non piacerti. Allo stesso tempo, puoi incontrare persone opposte e diventare migliori amici.
- Sii te stesso - Quando incontri nuove persone sii sempre te stesso. Questo li aiuta a decidere se gli piace il vero te o no. Fingere di essere qualcun altro è un'impresa dura da mantenere.
- Trova un modo per restare in contatto - Fare amicizia richiede uno sforzo continuo. Invitali fuori a pranzo, a prendere un tè o prendi i loro contatti e ogni tanto comunica. La tecnologia ormai offre un largo aiuto in tal senso.
- Rimani aggiornato - Un buon modo per rompere il ghiaccio è avviare conversazioni su eventi attuali e notizie di cui tutti parlano. Chiedete loro qual è la loro opinione su alcune questioni purché non siano troppo controverse.

Come mantenere gli amici

Fare amicizia è la parte più facile, mantenerla è solitamente la parte più difficile. Una volta che incontri qualcuno, cerca di essere sempre "reale".

Le persone apprezzano gli amici che dicono le cose come stanno, gli amici che non ci girano intorno o mentono per farli stare bene. È probabile che tali amici ricambino allo stesso modo. Per mantenere amicizie durature, essere presenti nella vita dell'altro è importante. Questo non significa solo essere fisicamente presenti, ma anche connettersi con loro tramite messaggi di testo, chiamate o piattaforme social. Sii comprensivo, perché non puoi sempre sapere cosa sta attraversando il tuo amico, in un determinato periodo

L'importanza di fare amicizia

Fare amicizia ha molti vantaggi. I tuoi amici sono le persone che saranno con te nelle difficoltà della vita, ci sfideranno a crescere e allo stesso tempo ci faranno impazzire, tuttavia, sono importanti per il nostro benessere. Prova a riflettere sui seguenti punti:

1. Gli amici ci aiutano a migliorare le nostre abilità sociali - mettendoti in gioco per incontrare e fare nuove amicizie, stai migliorando le tue abilità sociali. Incontrare le persone richiede la comunicazione e l'interazione con gli altri.
2. Gli amici sono importanti per la nostra salute - Gli amici sono altrettanto importanti quanto il cibo che mangiamo. Abbiamo bisogno di loro per mantenerci forti e sani, fisicamente e mentalmente.
3. Gli amici migliorano la nostra qualità della vita - Nonostante ciò che la vita ci riserva, gli amici ci aiutano a migliorare la nostra qualità della vita. Gli amici saranno sempre lì per ridere, piangere, sostenerci, aiutarci e mettere le cose in prospettiva.

4. Gli amici migliorano i nostri rapporti con gli altri - Attraverso gli amici, possiamo incontrare e interagire con nuove persone. Molte delle nostre relazioni con gli altri si basano su amicizie.

In conclusione, hai bisogno di amici e loro hanno bisogno di te. Incontrare persone è un'abilità sociale importante che è necessaria. Trovare, scegliere e mantenere gli amici giusti farà sempre parte della nostra vita.

Fare uso dei social media

Nel 2019 ci sono 3,4 miliardi di utenti di social media in tutto il mondo e con l'avanzare della tecnologia sempre più persone si connettono online. Il bello è che le persone possono viaggiare in tutto il mondo e restare in contatto. I social media hanno aperto nuove porte alle persone per migliorare le proprie abilità sociali, tuttavia ora le persone devono stare al passo con le nuove applicazioni e il mondo tecnologico in continua evoluzione. Sebbene i social media non offrano le connessioni profonde che derivano dal collegamento con le persone faccia a faccia, offrono più comodità. Ha messo a dura prova le nostre abilità sociali, ma ha anche fornito infiniti modi alle persone di connettersi online.

Alcuni vantaggi dei social media

1. Le persone possono rimanere in contatto - I social media hanno consentito alle persone di rimanere in contatto.
2. Opportunità di lavoro - Molte persone si guadagnano da vivere attraverso varie piattaforme di social media.

3. Networking - È facile per le persone incontrarsi e stabilire connessioni.
4. Supporto - Le persone online possono essere compassionevoli, specialmente quando si tratta di sostenere una causa, cercare giustizia o sostenere le persone che attraversano momenti difficili.
5. Marketing - Molte aziende ora utilizzano i social media per commercializzare i propri prodotti e servizi.
6. Migliorare l'istruzione - Gli studenti di tutto il mondo possono seguire corsi online. Possono ricevere incarichi e partecipare a discussioni utilizzando varie piattaforme di social media.

Svantaggi dei social media

Proprio come la maggior parte delle cose buone, anche i social media hanno un lato negativo. Alcuni svantaggi sono:

1. Cyberbullismo - I social media hanno creato un'opportunità, per delle persone, di inviare messaggi per minacciare e intimidire gli altri.
2. Sfida le nostre abilità sociali - Queste piattaforme hanno reso le persone così incollate alla tecnologia che hanno difficoltà a tenere una normale conversazione, di presenza, con le persone.
3. Creare false supposizioni - Le persone condividono solo ciò che vogliono che tu veda e non le loro vite reali.
4. Confrontare la nostra vita con altre persone - Le persone a volte cadono nella trappola di confrontarsi con gli altri, dimenticando che le persone condividono solo ciò che vogliono che tu veda.

5. Internet ricorda sempre - È molto difficile eliminare qualcosa una volta condiviso su Internet, e talvolta, alcune cose possono tornare a perseguitarti.
6. Bassa produttività - Le persone possono passare ore a esaminare i social media, invece di fare altre cose costruttive. È più o meno una dipendenza.

Importanza dei social media

1. Rafforzare la fiducia delle persone - Quando le persone condividono le loro foto e i loro video, ricevono molti feedback dagli altri, che a loro volta possono motivarli a condividere più cose che li portano fuori dalla loro zona di comfort.
2. Ottenere notizie in tempo reale - Con i titoli che appaiono a portata di mano, i social media tengono le persone aggiornate sulle tendenze e notizie attuali.
3. Migliorare il cambiamento dello stile di vita - Molte persone, come le celebrità, promuovono il loro stile di vita sano attraverso queste piattaforme. Condividono routine di esercizi, diete e prodotti che usano, per motivare i loro seguaci a fare il cambiamento.
4. Libertà di parola: con le varie piattaforme, i social media hanno permesso alle persone di esprimersi.
5. Aiuta le persone a riconnettersi - Molte persone si sono ricollegate con i loro vecchi amici attraverso i social media. In realtà ha facilitato molto la possibilità di rintracciare qualcuno.

Come utilizzare i social media per migliorare le nostre abilità sociali

L'uso delle piattaforme di social media può essere visto come una grande perdita di tempo, ma non è così. Queste piattaforme possono aiutare a raggiungere milioni di persone in tutto il mondo in una frazione di secondo.

Al fine di migliorare le nostre abilità sociali online possiamo:

1. Creare video: le piattaforme di social media di solito consentono ai propri utenti di condividere foto, video o testi con altre persone. Al fine di migliorare le nostre abilità sociali, si può scegliere di condividere i contenuti utilizzando un video anziché scrivere o inviare messaggi di testo. I video danno una visione più chiara di ciò che si sta cercando di comunicare.
2. Offrire una buona assistenza ai clienti: le persone online utilizzano le varie piattaforme di social media per inveire, lamentarsi e condividere le loro delusioni su un prodotto o servizio che non gli è piaciuto. Le aziende possono utilizzare le stesse piattaforme per ascoltare i propri clienti e rispondere alle loro preoccupazioni.
3. Identificare il mercato di destinazione: È possibile utilizzare i social media per raggiungere un determinato mercato di destinazione. Queste piattaforme offrono la possibilità di condividere post in un'area specifica per raggiungere il pubblico a cui si è interessati.
4. Rimanere attivi: Coinvolgere e interagire con le persone online in ogni momento è un modo per migliorare le abilità sociali di un

individuo. Inoltre, essere coerenti aiuta a rafforzare vecchie connessioni e ad acquisirne di nuove.

5. Rompere le barriere: I social media hanno abbattuto le barriere di comunicazione con gli altri. Ora possiamo restare in contatto direttamente con chiunque, purché anche lui o lei utilizzi le stesse piattaforme.

Le piattaforme di social media hanno notevolmente migliorato le nostre capacità di comunicazione, ciò che possiamo fare è utilizzarle per migliorare le nostre capacità sociali e la vita in generale. Queste piattaforme diventeranno solo più pervasive nelle nostre vite, quindi prima saliremo sul carro, meglio è.

Conclusioni

Se desideri goderti tutto ciò che la vita ha da offrire, migliorare le tue abilità sociali non è negoziabile. È ora di uscire dal guscio che ti sei costruito a causa dell'ansia sociale, della timidezza e della mancanza di fiducia. Rimanere in questo guscio finirà solo per derubarti di tutta la bontà e le ricchezze che ci sono là fuori. C'è più significato e senso nella vita, quando viene goduto in compagnia di altri e non in isolamento.

La pratica e i suggerimenti presentati in questo manuale non ti trasformeranno dall'oggi al domani. Abbiamo presentato tonnellate di informazioni e alle volte i concetti sono stati ripresi più volte per dare la possibilità di fissarli bene nella mente, per poi metterli in pratica. Assicurati di prendere ogni capitolo e lavorare sulle idee e i suggerimenti consigliati. Con il tempo, la dedizione e la costanza, noterai un notevole miglioramento. Come con qualsiasi altra abilità, le abilità sociali richiedono tempo e impegno, è un corso a sé stante. Inoltre, guardando all'incredibile svolta che lo sviluppo delle tue abilità sociali può darti nella tua vita, vale la pena tentare.

Ricorda, procedi a piccoli passi, e aver riconosciuto i propri limiti, equivale ad aver superato la barriera più grande. È anche importante sottolineare che dovrai affrontare il rifiuto. Quando questo avverrà, non prenderlo come una scusa per tornare nel tuo guscio. Lascia che il rifiuto sia uno stimolo per aiutarti a migliorare nel gestire il rifiuto stesso. Tieni presente che tutti coloro che hanno avuto successo, hanno il fallimento nella loro storia di successo.

Costruire le tue abilità sociali può sembrare una cosa difficile, ma con la massima dedizione puoi migliorarle, in modo che diventino una parte naturale di te.

Questi concetti sono chiari, diretti e semplici, ma così come ogni passaggio di cui abbiamo parlato in questo libro potrebbe aiutare, non sostituisce comunque l'aiuto professionale. Se ritieni di non poterli implementare e, qualunque cosa tu faccia, non riesci a fare nuove amicizie, la soluzione migliore è cercare un aiuto. Andare da uno psicanalista non è un grosso problema e non c'è assolutamente vergogna. Fai quello che puoi per migliorare te stesso e il primo passo per farlo è affrontare le problematiche che si presentano.

Non permettere a nessuno di passeggiare nella tua mente con i piedi sporchi.

Mahatma Gandhi

CPSIA information can be obtained
at www.ICGtesting.com
Printed in the USA
LVHW021724090521
686930LV00013B/814

9 781801 799546